La «Néo-gociation 4-10-10 » pour les professionnels de l'administration publique

LA «NÉO-GOCIATION 4-10-10 » POUR LES PROFESSIONNELS DE L'ADMINISTRATION PUBLIQUE

Négociation résonnée et raisonnée menant aux accords résilients, solidaires et soutenables

YANN DUZERT, PhD   FRANK V. ZERUNYAN, J.D.

IRENA DESCUBES, PhD

LA «NÉO-GOCIATION 4-10-10 » POUR LES PROFESSIONNELS DE
L'ADMINISTRATION PUBLIQUE
Négociation résonnée et raisonnée menant aux accords résilients, solidaires
et soutenables

Yann Duzert, PhD
Frank V. Zerunyan, J.D.
Irena Descubes, PhD

Published by:

Vandeplas Publishing, LLC – September 2020

801 International Parkway, 5th Floor
Lake Mary, FL. 32746
USA

www.vandeplaspublishing.com

ISBN 978-1-60042-521-9

TABLE DES MATIÈRES

Nous passons 80% de notre temps à négocier quelque chose. Selon le Carnegie Institute of Technology, 85% de notre succès financier est attribuable à notre personnalité et aux compétences en « ingénierie humaine ». Le Massachusetts Institute of Technology (MIT) ajoute que 80% de notre communication pourrait être décrite comme une forme de négociation. Ces compétences, entre autres, comprennent la communication, la confiance en soi, la capacité à prendre l'initiative, l'empathie, les techniques de négociation et le leadership. En revanche, seulement 15% de notre succès financier est dû à des compétences techniques, bien que nous ayons passé de nombreuses années d'éducation à les acquérir. Même s'il ne faut pas sous-estimer l'importance de l'éducation, le lauréat du prix Nobel israélo-américain et le psychologue Daniel Kahneman a constaté que les gens généralement préfèrent faire des affaires avec une personne qu'ils aiment et respectent plutôt qu'avec une personne qu'ils n'apprécient pas ou en laquelle ils n'ont pas confiance, même si cette personne offre un meilleur produit à un prix inférieur.

Selon une étude menée par Hay/McBer Research and Innovation Group, l'intelligence émotionnelle qui est riche en compétences humaines, dépasse par son importance l'intelligence technique dans les interactions sociales et professionnelles. L'intelligence émotionnelle en tant que concept a émergé en 1990 dans les travaux de recherche des psychologues américains Peter Salovey et John D. Mayer[1] à l'université de Yale. Elle désigne «l'habileté à percevoir et à exprimer les émotions, à les intégrer pour faciliter la pensée, à comprendre et à raisonner avec les émotions, ainsi qu'à réguler les émotions chez soi et chez les autres». C'est à partir du concept d'intelligence émotionnelle que se sont développées les notions de compétences sociales et de compétences douces (*soft skills*). Parmi lesquelles la résolution de problèmes, la confiance, l'empathie, l'esprit d'équipe, l'assertivité, la gestion du temps, la gestion du stress, la communication, la flexibilité, la créativité, le sens des responsabilités, l'esprit du service clientèle, la

---

[1] *"Emotional Intelligence involves the ability to perceive accurately, appraise, and express emotion; the ability to access and/or generate feelings when they facilitate thought; the ability to understand emotion and emotional knowledge; and the ability to regulate emotions to promote emotional and intellectual growth"* (Salovey et Mayer, 1990).

gestion des risques, la curiosité ou l'adaptabilité. Par opposition, l'intelligence cognitive est définie par Gottfredson comme une capacité mentale qui inclue l'habileté à raisonner, planifier, résoudre des problèmes, exécuter des raisonnements abstraits, comprendre des idées complexes et apprendre rapidement d'expériences concrètes. L'intelligence émotionnelle, quant à elle, concerne essentiellement la perception et la gestion des émotions et des états émotionnels.

Chez L'Oréal, l'évaluation de la performance commerciale des vendeurs sélectionnés sur la base de leur forte intelligence émotionnelle a montré qu'ils sont nettement plus performants que leurs collègues, recrutés selon les critères « à l'ancienne » basés uniquement sur les compétences techniques. Le même MIT estime que 18 milliards d'euros d'augmentation du chiffre d'affaire des entreprises de Grande Bretagne pourrait être réalisé si les entreprise négociaient de façon plus efficace. Dans une compagnie d'assurance américaine, les agents d'assurance avec une forte compétence émotionnelle obtiennent les résultats supérieurs de 50% à ceux de leurs homologues plus faibles. Selon Forbes, les entreprises Fortune 500 ont un faible taux de réussite en mise en œuvre de projets. Sur 100 projets, seuls 30 sont mis en œuvre. Soixante-dix projets échouent faute de compétences humaines, telles que le leadership et la négociation entre les services internes. Selon le programme de négociation *Program on Negotiation* de Harvard Law School, 95% des cadres américains n'ont jamais reçu d'éducation formelle en négociation ou en résolution de conflits. Et selon le MIT, 49% des candidats à un emploi ne négocient jamais l'offre initiale de l'employeur.

La néo-négociation (appelée aussi « Newgtiation ») pour les professionnels de l'administration publique a pour but de transmettre des outils pratiques pour améliorer la performance et la capacité à interagir dans le monde complexe actuel, hautement compétitif. Notre approche méthodologique de la négociation met l'accent sur les conditions physiologiques dans l'interaction entre différents types d'acteurs ayant des niveaux de pouvoir variés. Ce manuel explore et propose aux lecteurs les instruments permettant de se concentrer sur la collaboration et la construction d'une relation de confiance durable entre les parties prenantes. Tout au long du processus de « Néo-gociation 4-10-10 », la réflexion est alternée avec le partage d'expériences. Notre méthodologie se concentre sur l'identification des problèmes énoncés et sous-jacents, l'élaboration de solutions et la structuration de la création et de la distribution de valeur en fonction des priorités et des valeurs éthiques des parties prenantes lors d'une négociation.

Afin d'améliorer la pédagogie de la formation des Professionnels de l'administration publique, nous avons créé une Technique de « Néo-gociation

4-10-10 » en tant que vocabulaire unificateur qui a pour but d'aider les organisations publiques et privées à « utiliser le même langage » pour accroitre leur capacité d'entente mutuelle pour « conclure une meilleure affaire ». Armé du même lexique, tout le monde peut acquérir de meilleures compétences de négociation en renforçant leur réputation et leur confiance dans les autres parties prenantes. Néo-gociation 4-10-10 est un processus qui peut être enseigné. Ce livre vise aussi à enseigner les outils modernes d'agilité et d'absorption des crises comme celle du Covid-19 dans les administrations françaises. Cela passe par une capacité à transformer les routines en innovation, à réaliser que la vitesse est la nouvelle monnaie qui favorise aussi la compétitivité des nations. La lenteur des administrations, le manque d'agilité, la bureaucratie sont autant d'opportunités de transformation à travers la gouvernance collaborative négociée par consensus. Les dirigeants d'institutions publiques seront chaque fois davantage des coach que des juges, des organisateurs de petites équipes agiles et talentueuses. Les organisations verticales, pesantes et très politisées ont montre Moises Naim dans son livre « La fin du pouvoir ». L'évaluation des fonctionnaires publiques devra être modernisée pour favoriser les feedback immédiats, la capacité à gérer les résistances organisationnelles, favoriser la transformation digitale avec des plateformes collaboratives de partage d'expérience, la transdisciplinarité. Frank Zerunyan évoquera son expérience internationale au niveau de mairies et d'institutions administrative pour institutionnaliser l'agilité et la gouvernance collaborative au travers de technique de néo-gociation. Les politiques publiques pour une justice efface, un respect des droits de l'homme et la prospérité pour tous est un objectif des négociation solidaires développée par la technique néo-gociation avec sa mentalité de développement durable et économie positive, avec son style d'élégance morale, d'altruisme intéressé avec civilité et recherche du bien commun.

L'agenda 2030 des Nations Unis suggères aux administrations publiques de prendre en compte les principaux objectifs : 1- Eradication de la pauvreté, 2- Lutte contre la faim, 3-Accès à la santé, 4-Accès à une éducation de qualité, 5-Égalité entre les sexes, 6- Accès à l'eau salubre et à l'assainissement, 7- Recours aux énergies renouvelables, 8- Accès à des emplois décents, 9- Innovation et Infrastructures, 10- Réduction des inégalités, 11- Villes et communautés durables, 12- Consommation responsable, 13- Lutte contre le changement climatique, 14- Protection de la faune et de la flore aquatiques, 15- Protection de la faune et de la flore terrestre, 16- Justice et Paix, 17- Partenariats pour les objectifs mondiaux. Yann Duzert a été invité comme créateur de Newgotiation/Néogociation par les Nations Unies à New York, la Présidence du Conseil National de Justice au Brésil pour le II encontro Ibero-Americano Agenda 2030 no Poder Judiciário : il y évoque le processus de négociation moderne pour changer le status quo d'un passé de négociations « old school » à l'ancienne souvent inefficaces.

Avec nos contributions dans ce livre, ainsi qu'avec nos modules de formation dispensés à travers le monde qui nous ont permis de valider nos concepts, nous espérons contribuer aux collaborations et aux négociations intersectorielles efficaces et efficientes.

INTRODUCTION ET REMERCIEMENTS

Ce livre, volontairement court et didactique, offre un aperçu de négociations pour professionnels de l'administration publique en développant des sujets académiques et pratiques qui impactent directement et positivement la vie quotidienne, le comportement, les habitudes et les compétences des fonctionnaires exposés à l'art et à la science de la négociation.

Beaucoup d'autres livres et d'articles académiques ou des manuels de pratique ont été écrits sur la négociation. Cependant, aucun de ces ouvrages n'a pas abordé ce sujet du point de vue des professionnels dans le contexte de l'administration publique de la « gouvernance » par opposition au « gouvernement ». Ces deux termes et leur signification méritent l'explication. Nous n'allons pas aborder le sujet de la négociation du point de vue des « gouvernants » car ceci réduirait notre champ d'analyse et de conseil uniquement qu'aux acteurs élus des institutions qui exercent le pouvoir exécutif au sein d'une entité politique, ce qui serait réducteur à notre sens, vu le large panel des professions exercées par les professionnels de l'administration publique. Le premier terme « personnifie » le fait que l'élaboration et la mise en œuvre de politiques publiques et d'administration sont de plus en plus partagées entre un grand nombre d'acteurs. Nous utilisons dans cet ouvrage ce terme de « gouvernance », et plus important encore, celui de la « gouvernance collaborative » pour encadrer notre sujet, que nous appelons « néo-gotiation ». Une bonne gouvernance nécessite un état d'esprit éclairé pour savoir rechercher le bien commun.

Nous sommes tous les trois spécialisés en leadership, en géopolitique et en modèles de gouvernance et/ou de négociation complexe. A ce titre, nous enseignons ces matières dans les institutions académiques à travers le monde et nous sommes également impliqués dans les activités de conseil aux collectivités, institutions et entreprises de différentes tailles. Nous sommes convaincus que les innovations civiques étudiées dans les « tours d'ivoire » de nos universités de recherche doivent être « raisonnées » et « résonnées ». Le service public est une vocation noble pour la vaste majorité des fonctionnaires qui s'efforcent de servir au mieux la communauté. Gagner et conserver la confiance des administré(e)s est la principale motivation pour ceux qui exercent des fonctions publiques, en particulier aux postes d'élus. Malheureusement, ces dernières années, nous avons assisté à la dégradation de cette confiance avec les démonstrations flagrantes de conduite indigne de certains leaders publics.

Vous ouvrez ce livre au moment où les citoyens aux niveaux local, national et mondial renforcent leurs exigences vis-à-vis des élus sur une meilleure gouvernance, sur une plus grande participation sectorielle aux affaires publiques et sur une plus forte intégrité et responsabilité de leurs dirigeants dans toutes les formes de négociation. Nous avons écrit ce livre avec l'intention de permettre aux professionnels de l'administration publique de 1) se concentrer sur les bonnes pratiques de gouvernance éthique, 2) s'adapter au nouveau paradigme d'actions en utilisant l'intelligence collective nécessitant l'établissement des consensus, 3) savoir reconnaître les pires et les meilleurs négociateurs et leurs tactiques, 4) savoir examiner les défis et les opportunités « intégration » des intérêts ou « gagnant / gagnant », 5) créer de la valeur pour les personnes qu'ils représentent, 6) intégrer de la valeur afin de soutenir une entreprise viable à long terme en ayant les relations de confiance avec les partenaires de négociation et, 7) faciliter la collaboration par un véritable leadership.

Nous ouvrons ici de nouvelles perspectives en fournissant un cadre clairement fondé sur la théorie normative couplée avec l'analyse empirique. Nous ne sommes pas naïfs pour penser que nous fournissons dans ce livre une « solution miracle » pour toutes les négociations. Nous espérons aider le lecteur dans sa quête d'un cadre collaboratif de négociation juste et adapté à son contexte.

Ce livre est l'aboutissement de notre travail depuis 19 ans à la Fundação Getúlio Vargas (FGV), Rio de Janeiro, en collaboration avec nos collègues à l'école de politique publique Sol Price de l'Université de Californie du Sud (USC) et avec les enseignants-chercheurs de Rennes School of Business en France. Ensemble, nous avons construit une méthode de négociation moderne et adaptée aux professionnels de l'administration publique que nous avons nommée « Néo-gotiation » Nous adoptons ici une nouvelle posture basée sur l'intelligence collective de toutes les parties prenantes et sur une nouvelle relation au leadership dans le contexte de l'administration publique. C'est aussi une nouvelle mentalité, une nouvelle relation au leadership dans le contexte de d'un monde volatile, incertain, complexe et ambigu (VUCA[2]) qui, au moment d'achever la rédaction de ce livre, subit de plein fouet les effets de la pandémie du nouveau coronavirus COVID-19.

La méthode sous-jacente à la néo-gociation 4-10-10 a été utilisée dans de nombreux séminaires académiques. Elle a aussi déjà été couverte dans 18 livres publiés par 3 lauréats du prix Nobel, nos collègues de FGV, USC, Université de Harvard, Massachusetts Institute of Technologie (MIT), Université de Stanford, Institut universitaire de Lisbonne (ISCTE), Escola Superior de Guerra, Escola Superior de Magistratura, École Supérieure des sciences économiques et commerciales (ESSEC), École supérieure de Commerce de Paris (ESCP), l'Université fédérale de Rio de Janeiro (UFRJ) et Université de Rio de Janeiro (UERJ). Cette méthode est basée sur la Matrice de négociation « 4-10-10 », qui a déjà été partagée avec plus d'un million de personnes dans le monde, dont le Brésil, la Chine, la France, l'Italie, Mexique et les États-Unis d'Amérique.

Nous passons plus de 80% de notre vie à négocier, avec notre famille, nos voisins, nos collègues, nos clients, nos fournisseurs, nos actionnaires et nos gouvernements. Le mot «négociation» en latin - «Nega Otium» – signifie « nier les loisirs, le temps libre ou le plaisir ». Cette définition implique que nous consacrions une importante partie de notre temps et de notre énergie de manière inefficace. Souvent, nous décrivons la négociation comme un concours de bras de fer, un combat ou une guerre. Les entreprises et le grand public continuent d'apprécier le livre de Tsu, intitulé «L'art de la guerre». Dans ce livre, la négociation est décrite comme une tactique de guerre, une stratégie d'échecs, un cadre où l'un gagne et l'autre perd. Ainsi, le la pédagogie traditionnelle de la négociation se concentre sur les stratégies et les manipulations des belligérants et jeux de persuasion. La négociation traditionnelle est définie comme un jeu de pouvoirs, d'influences et de tactiques politiques. Hélas, dans le monde moderne, cette représentation de la négociation à l'ancienne est ce que Kodak représente pour l'iPhone ou JVC pour Netflix - une vieille machine obsolète ou un rival impuissant. Les entreprises dans le monde VUCA ont 80% de chances d'être soumises à une crise car les jeux de pouvoir d'antan, les règles de la majorité ne suffisent plus pour exécuter les décisions.

---

2   D'après Nathan Bennett et G. James Lemoine (Harvard Business Review, 2014) VUCA est l'acronyme de *Volatility, Uncertainty, Complexity* et *Ambiguity* en anglais. Il a été créé par l'Army aAr College aux Etats-Unis, et décrit les conditions résultant de la Guerre Froide.

Souvent, une minorité peut bloquer une décision car elle a une influence forte sur l'opinion publique et un effet levier sur les choix politiques. L'exemple célèbre de renversement de situation dans une négociation par une minorité est la lutte des agriculteurs et des écologistes contre le projet de l'aéroport de Grand Ouest à Notre-Dame-Des-Landes en Bretagne. La création d'une ZAD (« Zone A Défendre ») dans cette bourgade bretonne de 2000 habitants pour protéger une zone humide, est devenue le symbole de l'opposition d'un groupe social hétérogène et uni dans libertarisme et anticapitalisme. En 2012, le Premier Ministre Emmanuel Valls a ordonné l'évacuation de la ZAD. 2000 gendarmes et militaires ont participé à cette opération musclée de démonstration de force de l'Etat. Mais au bout d'un mois de lutte, cette opération tourne au fiasco et les ZADistes ont sortent renforcés. Le projet de l'aéroport devient un boulet politique au pied des gouvernements français successifs et en janvier 2018, faute d'accord et à cause de la désapprobation grandissante de la population, ce projet est abandonné définitivement par le gouvernement d'Edouard Philippe.

Autre lieu, autre projet mais avec les mêmes préoccupations écologistes et le même manque de recherche de consensus: le projet guyanais « Montagne d'Or » du consortium de la société canadienne Columbus Gold et de la société russe Nordgold. Ce projet pharaonique qui doit permettre d'extraire près de 7 tonnes d'or par an pendant 12 ans du sol guyanais, est défié par des opposants qui mène contre une campagne très efficace grâce à une conscience écologique grandissante en France et dans le monde (https://www.stopmontagnedor.com/). En effet, ce projet prévoit de déforester 600 hectares, soit 32 stades de France, à la lisière d'une réserve biologique intégrale, où vivent plus de 100 espèces protégées...

Les organisations publiques modernes du 21ème siècle ne peuvent pas se permettre de prendre des décisions sur la base de l'autorité et du pouvoir « old school » ni de faire usage d'outils obsolètes qui les mèneraient à l'échec. Des gouvernements, qu'il s'agisse des collectivités locales, départementales, régionales ou d'Etat, seraient soumis à des graves crises si dans 80% de cas, ils échouaient en négociation ! Cet impérieux besoin de consensus nécessite un cadre différent de celui de la concurrence, du combat ou de la guerre. Les organisations publiques ne peuvent pas se permettre des prendre des décisions fondées uniquement sur la rationalité de la majorité. Les jeux de pouvoir et les règles de la majorité ne suffisent pas pour exécuter les décisions. Une minorité peut souvent bloquer une décision. Une minorité peut imposer des règles, des normes et des positions de pouvoir dans une négociation multipartite et/ou asymétrique en répartition des pouvoirs. La force des réseaux sociaux place l'individu au cœur de la négociation. David vs Goliath dans la nouvelle ère numérique révèle l'importance de la transparence, de l'intégrité, de la réputation et de la confiance. Ce sont des compétences et des caractéristiques partagées dans la gouvernance, la négociation et le leadership dans le monde VUCA.

Une structure opaque figée dans le temps ou les différents départements de l'organisation fonctionnaient en silos, n'est plus possible. Les professionnels de l'administration publique valorisent aujourd'hui un nouveau style de négociation fondé sur l'élégance morale, la gouvernance collaborative et le développement soutenable. Ils cherchent à changer leur culture pour imiter le succès de la Silicon Valley, en débureaucratisant et en décloisonnant les silos potentiellement persistants par la collaboration et l'innovation. Une étude récente a révélé que les organisations qui proposent à leurs usagers un service bienveillant et avenant, bénéficient de plus grandes marges de manœuvre tout en étant plus résilientes. La stratégie en néo-gociation ne vaut pas grand-chose si elle n'est pas harmonisée avec une gestion des interactions relationnelles adaptée. Lors d'une conférence à laquelle nous avons assisté, Bill Clinton a affirmé que la plupart des conflits qu'il avait à résoudre lors de son mandat présidentiel, ont commencé et pris fin avec la gestion de l'identité de chacune des parties prenantes. Le paradigme de la négociation que nous abordons dans ce livre prend en compte les interactions entre les intérêts des parties prenantes et leurs identités à travers une communication efficace et empathique. Les théories de la négociation, surtout celle des intérêts qui a été établie dans la littérature académique par des théoriciens et des praticiens de Harvard, ont pris en compte certains éléments de négociation alignés avec les intérêts. Cette méthode, qui a maintenant plus 30 ans, reste efficace mais elle demeure également incomplète.

Ce livre prend source dans la littérature académique et dans les théories inhérentes. Cependant, nous confessons bien volontiers que nous avons choisi de ne pas en faire un ouvrage purement scientifique avec les citations et références dans le texte (qui rendent souvent le texte très indigeste pour le public des non-scientifiques). Nous fournissons bien sûr des informations sur les auteurs, les titres de livres et les articles de journaux pertinents sous forme de notes de bas de page ou dans la bibliographie finale. En fait, nous espérons que nos lecteurs seront curieux à rechercher plus d'informations sur les théories ou les éléments factuels dont nous parlons dans ce livre. Enfin, nous avons déployé tous les efforts possibles pour rendre ce livre bref, pertinent et riche en exemples concrets.

Notre objectif sera atteint si nos lecteurs s'en servent comme d'un manuel pratique, un peu comme un bon cuisinier a toujours à portée de main son livre d'idées culinaires, conçu par un ou plusieurs grand-chefs. Un bon cuisinier ne cherche d'ailleurs pas à appliquer à la lettre et au gramme près les idées des grand-chefs mais il s'en inspire afin de pouvoir concocter un plat gustativement équilibré avec les ingrédients et les épices qu'il a sa portée. Nous avons le même but ; sans nous prendre pour des grands-chefs, nous suggérons ici au lecteur une méthode pour l'aider à rendre le processus de la négociation plus efficient, respectant les intérêts de toutes les parties prenantes et en construisant des relations durables.

Notre but est d'utiliser ce livre ainsi que nos autres supports de formation pour renforcer les capacités à bien négocier de nos étudiants en formation initiale et celles des professionnels de l'administration publique en formation continue. À cet égard, nous remercions chaleureusement nos amis et collègues du monde universitaire et de la fonction publique pour leur aide et les encouragements à écrire ce livre.

Nous sommes également redevables et reconnaissants pour la précieuse contribution de notre ami et collègue au professeur Ali Abbas, un théoricien et un praticien de l'analyse décisionnelle ainsi que de l'analyse des risques et de la prise de décision basée sur des données. Ses connaissances en ingénierie des systèmes industriels et en politique publique lui donnent une perspective unique dans la théorie et la pratique de l'information. Son court chapitre au sein de ce livre se concentre sur les éléments de base de la décision, avec des réflexions sur les effets de la complexité organisationnelle et des structures d'incitation à la prise de décision. Sa contribution à ce livre est essentielle puisque la néo-gociation 4-10-10 est basée sur la découverte et le choix du « bon cadre utile » ou si vous le voulez du « cadre utile », comme Ali Abbas l'appelle dans le processus de prise de décision.

Enfin, nous souhaitons remercier nos étudiants. En tant que professeurs d'universités de recherche et des écoles de commerce de premier plan, nous savons que la qualité de nos étudiants est directement liée à notre capacité et à la qualité de notre recherche et d'enseignement. Nous les remercions donc pour leurs stimulation intellectuelle et leurs contributions.

CHAPITRE 1

Contexte de la collaboration en gouvernance

Nous suggérons que les entreprises privées, les organisations publiques et les individus, en réseau ou non, opèrent un changement profond de paradigme du « pilotage de la société par le gouvernement » à « gouvernance[3] par l'association des co-pilotes ». L'élaboration de la mise en œuvre des politiques publiques est de plus en plus partagée et coconstruite par un vaste nombre d'acteurs de secteurs variés avec une grande pluralité d'opinion.

Aujourd'hui, les organisations publiques, privées, à but non lucratif ou non gouvernementales (ONG) et les citoyens, parfois appelés le « quatrième secteur », sont bien plus connectés et prédisposés à collaborer qu'auparavant. Le « quatrième secteur » est composé de personnes capables de combiner des approches du secteur privé fondées sur l'économie de marché avec les objectifs sociaux et environnementaux propres au secteur public et aux organisations à but non lucratif. L'essor de cette force sociale est d'ailleurs susceptible de refaçonner le capitalisme tel que nous le connaissons aujourd'hui... De plus, les entités publiques, privées, à but lucratif ou non, sont beaucoup plus interconnectés et disposées à collaborer. Ces organisations ou les individus (groupés ou non) ont chacun leurs propres intérêts, motivations, ressources et capacités ; il est crucial de savoir les appréhender, les comprendre et les aligner. Les accords de collaboration actuels, en particulier entre les secteurs, fournissent d'incroyables opportunités pour concevoir, expérimenter et confirmer par l'usage des nouvelles pratiques en matière d'organisation de l'administration publique. Pendant environ un siècle, les trois principaux acteurs sociétaux, à savoir le secteur public, le secteur privé et les organisations à but non lucratif se sont développés de manière « intra-sectorielle » mais étaient gérés et utilisés par approche « intersectorielle ». Les « silos » hiérarchiques chez chacun de ces acteurs étaient la cause de l'ignorance, créant ainsi des tensions persistantes

---

3   Le terme « Gouvernance » vient du verbe grec *kubernân* qui veut dire « piloter un navire ou un char ». Il a donné naissance au verbe latin *gubernare*, qui revêtait les mêmes significations et qui, par le biais de ses dérivés, dont *gubernantia*, a lui-même engendré de nombreux termes dans plusieurs langues européennes telles que le français, l'anglais, l'espagnol, le portugais ou encore l'italien

et des méfiances entre les acteurs. Bien que les trois secteurs soient au service du même public, leurs motivations et leurs intentions ont été très différentes et paraissaient incompatibles.

Le secteur public se donne le rôle du gardien de l'état de droit, des droits sociaux, de la justice, de l'intérêt public et de la fourniture de « biens publics ». A contrario, le secteur privé se concentre principalement sur les bénéfices, les intérêts privés et la fourniture des services et/ou des marchandises. Ces intérêts et ces services/marchandises se font concurrence, parfois au détriment des uns et des autres (mais ironiquement, aucun ne peut exister sans l'autre). Wall Street est inimaginable sans règles et règlements et pourtant... certaines lois, au mieux mal réfléchies voire au pire, irresponsables, ont permis des déréglementations de l'épargne et des crédits, ont mené à la crise mondiale des titres hypothécaires et a mis temporairement certains secteurs privés et publics à genoux. Sans un état de droit équilibré et juste, ces secteurs seraient incapables de fonctionner et encore moins de collaborer. Les pages suivantes traitent la collaboration pour orienter nos professionnels de l'administration publique dans le contexte de l'administration publique les négociations menant à des résultats durables.

La célèbre citation de Henry Mintzberg (1990)[4], « *Notre monde est devenu, pour le meilleur et pour le pire, une société faite d'organisations* » doit, trente plus tard, être remplacée par « *L'organisation de notre monde est faite de collaborations* » Commençants par les partenariats industriels de production jusqu'à l'innovation ouverte, en passant par le travail collaboratif et la multiplication des interfaces public-privé, notre réalité socio-économico-écologique est de plus en plus inter-organisationnelle et interdépendante. Historiquement, les collaborations nous ont apporté des innovations et des projets étonnants. Dans le secteur privé, les collaborations d'innovateurs et la mutualisation des compétences ont contribué à la fondation de sociétés telles que Apple, Disney, Hewlett Packard et même à la création du film Guerres des étoiles. Dans le secteur public, les collaborations ont permis de concrétiser le projet de Lakewood en Californie, permettant aux municipalités de contracter avec d'autres gouvernements et des secteurs pour la prestation de services municipaux spéciaux. Ces collaborations fournissent des services municipaux spéciaux définis par la loi en matière de finance, d'économie, de comptabilité, d'ingénierie, d'administration et de droit et de création d'un système efficace pour l'administration publique.

---

4   Mintzberg, H. (1990). *Le Management: voyage au centre des organisations.* Les éditions d'organisation.

A titre d'exemple, dans la ville de Rolling Hills Estates dans l'état de Californie, une ville d'un peu plus de 8 000 habitants, les déchets sont collectés par Waste Management, une entreprise privée. L'ingénierie de la circulation et les services juridiques sont également fournis par le secteur privé. Département du shérif du comté de Los Angeles et les pompiers sont les premiers intervenants de la ville de Rolling Hills Estates, ainsi que dans le comté de Los Angeles. La ville n'emploie directement que 19 personnes, qui gèrent principalement tous ces contrats avec d'autres gouvernements et avec le secteur privé qui fournissent tous les services municipaux nécessaires à Rolling Hills Estates. Un autre exemple : depuis 2009 **une** *smart city* baptisée le Stockholm Royal Seaport à impact écologique zéro est en train de voir le jour dans la capitale Suédoise. Ce port marin royal se veut la vitrine mondiale du savoir-faire scandinave en matière de développement et de planification urbaine durable. Prévue d'être achevée en 2030, cette ville est destinée à accueillir 10 000 nouveaux logements, espaces économiques et aires culturelles/de détente sur une superficie de 236 ha. C'est possible grâce au fait que les créateurs de ce projet visionnaire ont su rassembler les politiques locaux, un large consortium d'industriels, de nombreuses start-ups ainsi que des universitaires et la population de la ville de Stockholm et un budget de 60 milliards de couronnes suédoises (environ 9,1 milliards d'euros) pour pouvoir proposer à toutes les parties prenantes des solutions innovantes de maîtrise de la consommation d'énergie, de traitement des déchets et de transport durable.

Dans le secteur à but non lucratif, nous assistons à l'application des « codes » et des procédés utilisés initialement par les entreprises privées. Le Fonds mondial de lutte contre le sida, la tuberculose et le paludisme, fondé en 2002, a bénéficié d'un important soutien financier par l'initiative (Red) prise par Bono et Robert Shriver en 2006. Ils ont créé PRODUCT RED™, une marque concédée sous licence à des sociétés partenaires telles que American Express, Apple, Converse, Microsoft, Gap ou Emporio Armani. Chaque entreprise partenaire crée un produit avec le logo PRODUCT RED™ et reverse un pourcentage des recettes de vente de leurs produits au Fond mondial. Ce programme a généré à ce jour plus de 600 millions de dollars pour lutter contre le sida, essentiellement en Afrique. L'Union Internationale pour la Conservation de Nature (IUCN) n'a pas hésité de se lier à Lacoste en en 2018 et 2019 pour l'opération « *Save Our Species* ». La marque a accepté de remplacer son emblématique crocodile par dix espèces, figurant sur la liste rouge des animaux menacés de disparition imminente. Les polos en nombre limité ont été vendus en un temps record et l'intégralité des bénéfices a été reversée par Lacoste à l'IUCN pour soutenir ses actions de conservation de la nature.

Selon le Harvard Business Review (HBR), « une appréciation beaucoup plus profonde des besoins de la société, une meilleure compréhension des véritables fondements de la productivité des entreprises, et la capacité de collaborer à travers des frontières de profit / à but non lucratif. Les autorités gouvernementales à chacun des échelons doivent apprendre à réglementer de manière à permettre de créer de la valeur est exigée de tous les acteurs ». Le HBR poursuit en argumentant que : « La solution idéale réside dans le principe de la valeur partagée, ce qui implique la création de la valeur économique tout en créant de la valeur ajoutée pour la société en répondant à ses besoins et à ses défis. Les entreprises doivent reconnecter le succès de l'entreprise avec le progrès social. La valeur partagée n'est pas pour autant un résultat de ce qui est communément appelé la responsabilité sociale, la philanthropie ou encore la soutenabilité. Non, il s'agit bien d'une nouvelle façon d'agir pour atteindre le succès économique. » Aligner cette valeur partagée sur de bonnes décisions et de bonnes motivations fournit le cadre pour la gouvernance collaborative.

Des tensions créées par une approche compétitive pour créer des gagnants et des perdants, résultant de l'usage du « hard power », sont remplacées par l'usage de « *intelligent power* ». La domination par les médias et par les réseaux sociaux globaux ainsi que les aspirations différentes de la génération née au tournant du millénaire, nous emmènent à nous concentrer sur une empreinte écologique réduite grâce à une économie de partage et d'usage. Les citoyens 3.0 ne s'attendent d'ailleurs plus à ce que l'Etat ou la région où ils vivent, assurent seul(e)s les services publics. Ils sont prêts à assumer certains services par eux-mêmes. Les nouveaux *challenges* du XXIe siècle et le contexte mondial dominé par les médias sociaux et les GAFAM, exigent que les secteurs cherchent des nouveaux « langages » et modes d'interaction, afin de permettre leurs collaborations pour améliorer l'efficacité et la productivité de leurs interactions. Les changements démographiques et l'influence grandissante du comportement de la Génération Z, (aussi appelée génération C pour Communication, Collaboration, Connexion et Créativité), obligent les Générations X et Y de s'adapter à ces nouveaux paradigmes sociétaux. Plus d'un milliard de personnes disposent d'un téléphone « intelligent » et peuvent ainsi partager des idées et collaborer. Comme la sécurité financière des villes s'affaiblit et la complexité de l'administration publique augmente, l'idée de collaborer avec des partenaires qui peuvent apporter aux autorités publiques des perspectives et des ressources nouvelles est dé- diabolisée et au contraire considérée comme un plus par le public. L'intérêt de participer et de contribuer à la vie publique de la Génération Z très connectée, améliore l'engagement et l'effet de levier du changement. Les organismes publics commencent à voir l'intérêt d'aligner leur « mission » avec celles des organisations innovantes et avec les besoins exprimés par les individus engagés de la société civique, pour créer les outils permettant de mettre en place une meilleure gouvernance.

Un nombre croissant d'innovations créatives permet d'apporter des solutions précieuses en « compétences » au secteur public par le billet de la création d'applications mobiles. En France, la métropole de Rennes a été la première à ouvrir ses données en 2010. Engagée dans l'association Open Data France, la ville de Rennes revendique sa réputation de territoire d'expérimentation sur le numérique et l'open data grâce à sa politique consistante d'animation du réseau de ré-utilisateurs de ces données, à travers une plateforme dédiéedata. rennes-metropole.fr. Parmi les données accessibles, on peut trouver par exemple la cartographie des sources de bruit ou des vues aériennes verticales ortho-rectifiées de Rennes Métropole. Aux Etats-Unis « Code for America » (CfA), un organisme à but non lucratif connecte les spécialistes en informatique avec les collectivités locales pour « résoudre les problèmes du monde réel » en créant ces applications appréciées des administrés. Des entreprises privées telles que Google, ESRI ou O'Reilly Media se sont associés pour non seulement sponsoriser ces innovations, mais aussi pour fournir une partie du « capital en compétences », nécessaire pour la création de ces nouveaux outils. La Ville de la Nouvelle-Orléans s'est associée à la CfA en 2012 pour aider à résoudre l'identification des propriétés ravagées après l'ouragan Katrina. La ville de La Nouvelle-Orléans a ainsi pu aider les promoteurs à identifier 35 000 propriétés abandonnées grâce à l'application « BlightStatus » élaboré par CfA. Cette application permettait de traiter un grand nombre et typologie de données numériques pour permettre aux autorités et aux promoteurs d'accéder aux données croisées et complètes sur les propriétés nécessitant une décision. *BlightStatus* est devenu depuis un exemple à suivre en matière de l'innovation créée et mise en œuvre par les acteurs non gouvernementaux pour une meilleure gouvernance.

Civic Insights est une société privée qui a élaboré un système de traitement en ligne de demandes de citoyens envers les différents services de la ville de Palo Alto où par exemple le processus de demande de permis de construire a été rendu plus facile et plus transparent pour les demandeurs.

Standby Taskforce est une ONG créée par Patrick Meier pour lutter contre la violence au Kenya. N'importe qui au Kenya qui a accès à un téléphone portable peut signaler des violations des droits de l'homme aux autorités locales via un SMS grâce à l'application téléchargeable gratuitement sur le site de *Standby Taskforce*. Ces messages sont géolocalisés en temps réel sur l'ensemble du territoire kenyan. En regroupant le nombre d'appels par endroit, Standby Taskforce génère une « carte thermique » indiquant les zones de violence d'intensité graduée. Cette innovation de cartographie thermique a été également utilisée à Haïti lors du tremblement de terre pour créer une carte des appels de détresse humaine mise à jour en temps réel, ce qui a permis un déploiement stratégique des équipes de United States Marine Core.

Dans l'état de Colorado, l'application *Adopt-a-Hydrant* est une initiative qui permet aux citoyens locaux d'assumer la responsabilité de déblayer la neige des bornes d'incendie « adoptées » dans leurs quartiers. Ce travail de quelques minutes, ne nécessitant aucune compétence technique particulière de la part des citoyens, s'avère vital en cas d'incendie.

L'alignement des intérêts, des motivations et des valeurs dans ces exemples de collaboration, couplé avec l'utilisation intelligente des applications technologiques accessibles et gratuites, est essentiel. Ceci nous semble être la clé de succès et d'une facilitation la gouvernance d'aujourd'hui. Tous les secteurs participent ainsi à la vie de la cité de manière efficace et efficiente. Les organisations à but non lucratif qui ont recours à la haute technologie, bénéficient d'aide d'un réseau qualifié et motivé de contribuer à la résolution des problèmes civiques complexes. Les autorités publiques comprennent de plus en plus qu'elles doivent ouvrir l'accès à leur plus grand atout, à savoir les données… qui sont par leur nature de collecte basées sur les informations publiques. Ces données peuvent être utilisées pour concevoir les applications utiles, créer des analyses prédictives, trouver de nouveaux modèles sociaux et économiques, … Cette forme de données à la fois transparente et libre, appelée *Open Data System,* est devenue une pierre angulaire d'un nouveau mouvement baptisé *Open Government* aux Etats-Unis. Les données ouvertes permettent aux citoyens d'accéder à des connaissances et informations pour créer de nouveaux services, suggérer de nouvelles idées et identifier des « bogues critiques » dans l'infrastructure. Ce principe des données librement accessibles a déjà conduit à des solutions créatives pour répondre aux problèmes complexes que les villes n'ont ni les moyens ni la capacité de résoudre par elles-mêmes, compte tenu de leurs budgets, ressources humaines et/ou capacités techniques limitées. Aux mains des bonnes personnes, l'innovation civique est désormais possible avec un ordinateur portable, une connexion Internet et les données publiques disponibles. Les efforts de collaboration entre les secteurs sont maintenant possibles. Gouvernance collaborative basée sur l'innovation civique peut évoluer rapidement et à plusieurs niveaux, n'étant limitée que par la « bande passante » des administrateurs publics orchestrant l'innovation. Ce type de gouvernance défit directement le modèle traditionnel de l'administration publique, conçue comme une « tour d'ivoire », opaque et tenant les usagers « à distance ». Dans le nouveau modèle de la gouvernance collaborative, les administrateurs deviennent des « facilitateurs » et des animateurs de groupes/ réseaux, composés de nombreux acteurs travaillant ensemble pour trouver des solutions pragmatiques aux sujets émanant de la vie de la cité. Nous sommes donc entrés dans l'ère où le nombre d'acteurs de la vie publique n'est pas limité et où des parties prenantes très diverses peuvent s'engager. Plutôt que de livrer des solutions, les collectivités servent de plate-forme pour permettre à divers acteurs de proposer/emmener les solutions à la communauté. L'innovation n'est limitée que par l'imagination des développeurs et par la qualité et la quantité des données publiques disponibles pour ce développement. Nous avons constaté l'explosion du nombre de ces innovations dans l'administration publique aux quatre coins du monde.

En Inde dans l'état de Karnataka, nous avons rencontré une administratrice publique très courageuse qui a mis en 2011 en place une loi connue sous le nom de SAKALA[5]. Cette loi garantit aux citoyens de Karnataka la fourniture de services publics dans un délai déterminé. En vertu de cette loi lorsqu'une demande de service public est faite, un citoyen reçoit un accusé de réception accompagné d'un reçu avec un numéro SAKALA (équivalent à un numéro de suivi). Cela garantit que la demande soit traitée dans le délai imparti. Avec l'aide du numéro SAKALA, un citoyen peut ainsi voir en ligne et en temps réel l'avancement et le statut de sa demande. Ce citoyen peut envoyer des SMS depuis un téléphone mobile à la personne en charge de son dossier et en cas de retard dans le traitement du dossier. Il peut même faire appel au supérieur hiérarchique de la personnes en charge de son dossier pour exiger un « coût compensatoire » à raison de 20 roupies par jour de retard dans la limite d'un maximum de 500 roupies par demande. Ce coût compensatoire est en cas de négligence prouvée, déduit du salaire du fonctionnaire incriminé qui n'a pas su respecter le délai de traitement de la demande communiqué au demandeur au préalable. Aujourd'hui, 668 services dans 50 départements de l'administration publique de l'état de Karnataka sont soumis à cette loi. Ceci a permis d'accroître leur

---

5   http://www.sakala.kar.nic.in/Index

responsabilisation individuelle dans la transparence vis-à-vis des usagers et a grandement augmenté leur efficacité et l'attente des résultats attendus. N'est pas un exemple parfait de la bonne gouvernance ? L'alignement sectoriel basé sur la motivation de la Gouverneure de l'État du Karnataka d'offrir de meilleurs services publics au administrés, couplée avec l'utilisation des innovations technologiques du secteur privé, est exemplaire. L'impact de SAKALA sur la performance a été tel que 96% des services sont à présent fournis à l'avance et la transparence du processus du traitement des demandes est aujourd'hui totale. De plus, le programme a réduit le temps passé par les fonctionnaires à recevoir physiquement les usagers avec leurs demandes à leurs bureaux. Ce gain de temps précieux, a libéré les fonctionnaires à consacrer le « temps utile » au traitement des demandes des citoyens à distance, en utilisant les moyens de télécommunication.

Jamais les secteurs public & privé-à but non-lucratif n'ont été aussi interdépendants et donc prédisposés à collaborer. Ceci crée des opportunités sans précédent pour des relations ou des collaborations intersectorielles et intra-sectorielles « négociées ». Ces collaborations peuvent assurer d'importantes fonctions gouvernementales, augmenter la valeur des biens publics et permettre une meilleure utilisation des infrastructures publiques tout en apportant des solutions pragmatiques aux problèmes socio-économiques des populations. La gouvernance collaborative en tant que pratique comporte de nombreuses définitions et présente de nombreuses façons de faire. Nos collègues Chris Ansell et Alison Gash de l'Université de Californie à Berkeley ont proposé une définition de la gouvernance collaborative en tant qu' « un arrangement de gouvernement où un ou plusieurs organismes publics s'engage(nt) directement dans une action commune avec les acteurs non étatiques dans un processus décisionnel collectif formel, orienté vers le consensus, et délibératif et qui vise à rendre ou mettre en œuvre publique politique ou de gérer des programmes ou des actifs publics. ». Dans la littérature existante sur la gouvernance collaborative, Ansell et Gash identifient des variables critiques qui influencent le niveau de réussite d'une collaboration. Ces variables incluent l'histoire antérieure de conflit ou de coopération, les incitations à la participation des parties prenantes, les déséquilibres de pouvoir et de ressources, le leadership et la construction institutionnelle. De même, les facteurs utiles au processus de la collaboration sont selon eux le dialogue en face à face, la confiance (capital social) et le développement de l'engagement et de la compréhension partagée. Les cycles vertueux de collaboration tendent à se développer lorsque les forums, les réseaux ou les organisations se concentrent sur les « petites victoires » qui renforcent la confiance, l'engagement, les relations et le niveau de la compréhension partagée. La confiance et la relation sont des principes fondamentaux dont nous discutons tout au long de ce livre, en particulier dans le contexte de la néo-gociation 4-10-10. Les groupes pratiquant la collaboration intersectorielle cherchent à redistribuer le pouvoir et le contrôle d'une autorité centrale à de nombreux acteurs investis dans un projet collaboratif qu'ils soient des individus ou des organisations. Ce partage du pouvoir conduit à l'innovation, la coopération, la coordination et le partenariat d'un niveau supérieur comparé à ce qui est possible à atteindre dans une hiérarchie « en silos » des systèmes bureaucratiques. Les projets collaboratifs peuvent être montés pour aborder des problèmes aussi divers que le Sida, les normes du travail, l'obésité, la corruption, la fourniture de services publics par l'éducation, la qualité de l'eau potable, la planification urbaine, le transport de déchets ou encore le développement et la construction des infrastructures publiques.

La collaboration nécessite cependant plus que de la capacité à se mettre autour d'une table à plusieurs. Ce qui est primordial est d'avoir une mission commune, un engagement à partager les ressources, le pouvoir et les talents sans qu'aucun point de vue individuel ou organisationnel domine l'effort collaboratif. En effet, la domination mine la collaboration tout en mettant en péril son succès. Seulement des efforts réguliers et méthodiques de (ré)alignement des intérêts de toutes les parties prenantes à un projet collaboratif, peuvent renforcer la confiance, les relations et l'engagement partagé. Nous mesurons le succès d'un projet collaboratif par le niveau atteint de l'efficacité, du rapport qualité/prix/délai d'exécution de sa mission. Enfin, nous décrivons la gouvernance collaborative comme une gouvernance qui résulte de l'interaction volontaire des secteurs privé-public-à but non lucratifs-réseaux citoyens a qui a pour but de faire progresser efficacement les communautés regroupées autour des problématiques communes. La crise sanitaire COVID-19 a permis de mettre en place des dispositifs pour encourager les déplacements utilitaires à vélo comme un véritable geste barrière à la propagation du virus en réduisant le risque de contamination, permettant de respecter la distanciation physique et d'éviter l'engorgement des transports publics, n'a pas été dans un premier temps collaboratif. En effet, la Fédération française des Usagers de la Bicyclette (FUB) qui regroupe plus de 365 associations de cyclistes urbains et se dit de défendre les intérêts de 17 millions d'usagers de la bicyclette réguliers, a été alertée par ses membres sur de nombreuses verbalisations injustifiées dues à une mauvaise interprétation du décret 2020-293 du 23 mars 2020. La FUB a saisi par référé le Conseil d'Etat pour demander l'annulation des poursuites, la cessation des verbalisations, la réouverture des aménagements cyclables fermés et une clarification de la communication sur l'usage du vélo en France pendant et après la période de confinement. Le juge des référés a estimé que « l'utilisation du vélo relève de la liberté d'aller et venir et du droit de chacun au respect de sa liberté personnelle, et que l'absence de clarté des positions du Gouvernement y portait une atteinte grave et manifestement illégale." Depuis la décision du Conseil d'Etat, de nombreux aménagements cyclables provisoires sont en gestation dans les principales agglomérations françaises. Le gouvernement, les maires et la FUB ont pu se mettre autour de la table pour élaborer un ensemble de mesures favorables au développement de l'usage du vélo comme moyen de déplacement utilitaire telles que la mise en place en urgence des pistes cyclables élargies en agglomération (celle de la rue de Rivoli à Paris en étant un emblème), des chèques de réparation de vélos pour des particuliers, un financement du stationnement vélo ou des formations type "remises en selle" financées.

Tandis que la définition des caractéristiques de la bonne gouvernance n'est pas universelle ou elle peut ne pas convenir pas à tous, plusieurs caractéristiques communes intéressantes ont été observées. Il est intéressant de constater que les organisations aussi différentes que l'Organisation des Nations Unies (ONU) et les groupes bancaires considèrent qu'une bonne gouvernance repose sur l'application des principes de la transparence, de l'efficience, de l'efficacité, de la participation, de la responsabilité et des résultats basés sur des objectifs clairement définis. Nous avons travaillé à l'ONU avec nos étudiants en politique publique pour étudier la gouvernance dans les pays les moins avancés (PMA). Nous avons examiné plus de 200 projets collaboratifs qui ont été parrainés par l'ONU et nous avons constaté que la gouvernance de haute qualité était caractérisée par collaboration accrue et une communication efficace entre les parties prenantes, le niveau élevé de la responsabilité et de la transparence entre les parties, ainsi qu'une forte capacité humaine et institutionnelle à s'atteler à se concentrer sur les projets permettant d'améliorer de manière significative des indicateurs de développement humain des populations vulnérables des PMA. A contrario, une collaboration médiocre des parties prenantes, une communication inefficace et des systèmes d'échange d'informations avec un faible niveau de transparence et de responsabilité et la faiblesse des capacités humaines et institutionnelles, ont entravé le progrès vers la durabilité développement dans de nombreux PMA. La littérature académique soutient ces résultats. Osborne décrit ces partenariats comme des « mécanismes efficaces et efficients pour développer les communautés, fournir des biens et des services publics, répondre aux besoins de la cible populations et contribuer à la mise en œuvre de la politique publique. Kania et Kramer affirment dans leurs travaux que les organisations individuelles opérant de manière isolée ne sont généralement pas en mesure de créer un changement systémique positif, efficace et durable. La coordination entre les parties prenantes est essentielle pour obtenir des partenariats réussis alors qu'une collaboration médiocre peut entraver la progression vers un objectif commun. Une mauvaise collaboration des parties prenantes peut se produire à tout moment au cours du partenariat. Elle conduit presque toujours à une réduction du niveau des résultats. Il en va de même dans les résultats des négociations lorsque les parties abaissent leur niveau de collaboration, elles ont immédiatement la tendance à accroître le niveau de leur compétition, ce qui mène inévitablement à un résultat non-optimisé où les uns sont des gagnants et les autres des perdants. Nous en discuterons dans les chapitres ultérieurs de ce livre.

Sur la base de notre travail et de notre expérience à l'ONU, nous suggérons qu'une communication et un échange d'informations efficace sont des éléments essentiels pour la collecte de données divergentes, pour éliminer les malentendus et pour créer un soutien public dans un partage équitable de la gouvernance. Le niveau élevé de la qualité de l'échange des informations est également primordial pour permettre un transfert de l'innovation sur la base de la confiance et les intérêts alignés entre les parties. Nous discuterons de cela dans les chapitres 4 et 6 où nous traiterons en détail les étapes de la création et de la distribution de la valeur. Le manque de communication et de partage de l'information découvert dans l'administration publique dans les PMA a impacté très négativement la circulation des idées, a créé la méfiance et empêché l'établissement d'un consensus entre les parties. En abordant les problématiques de la politique publique, les étapes de la formulation et de la mise en œuvre de cette politique doivent emmener toutes les parties prenantes à reconnaître le problème, ainsi que de se mettre d'accord sur les méthodes de la mise en œuvre des solutions à ce problème. La mauvaise communication et des informations partagées limitées, créent des obstacles à la mise en œuvre des politiques, à l'identification des solutions optimisées et à l'implication de toutes les parties. Les similitudes ici entre la gouvernance et la négociation sont encore assez remarquables. Le manque de la communication et la méfiance sont de nature à entraver tout processus de négociation raisonnée, produisant de mauvais résultats.

Le professeur Rothstein écrit : « La responsabilité et la transparence du secteur public sont des pierres angulaires pour assurer la stabilité économique et sociale. » La méfiance sape le contrat social entre le peuple et ceux qui gouvernent et nuit au processus d'éradication de la pauvreté dans les PMA, par exemple. Le haut niveau de la responsabilité et de la transparence dans les institutions publiques rend le secteur privé et la société civile plus disposés à s'associer à l'élaboration et à l'exécution des services publics. En outre, l'ouverture et la transparence du gouvernement encouragent la participation citoyenne aux processus décisionnels publics. L'appropriation des problématiques publiques par la communauté est différente entre quand elles sont « faites pour la communauté » ou « faites-en co-construction avec la communauté ». La collaboration est indispensable pour susciter la volonté politique organique de la base là où elle ne pourrait pas exister s'elle était « imposée » de haut en bas. Étant donné que la collaboration est un acte volontaire, il est essentiel de comprendre les motivations et les intentions des acteurs des trois secteurs à forger les liens nécessaires pour agir en collaboration. Ce concept est tout aussi applicable à la néo-gotiation. Comprendre les motivations et les intentions de l'autre partie est essentiel pour la création de la valeur, afin de pouvoir la distribuer et conclure un accord mutuellement considéré comme optimum. Nous examinerons brièvement ici chacun des secteurs (privé, public et à but non-lucratif) et identifierons les défis et les opportunités de leurs interactions collaboratives.

La gouvernance collaborative correspond à l'organisation politique, sociale et économique moderne. Les crises financières mondiales, les restrictions des marchés, la formation des réseaux complexes, la concurrence, les craintes grandissantes du chômage et les énormes déficits d'infrastructures posent des défis importants à la fois ou tour à tour aux secteurs public, privé et sans but lucratif. Ces défis représentent l'unique opportunité de collaboration entre les trois secteurs par le biais de méthodes de négociation efficaces et par échange de compétences pour forger des opportunités gagnantes et optimisées pour ces trois secteurs. Ces défis sont d'autant plus accentués par l'évolution du secteur public, sa décentralisation et son recours à des entrepreneurs sans but lucratif ou à but lucratif pour assurer des services associés à une compétence particulière et non disponible au sein de à l'administration publique. Tout au long de ce livre vous constaterez que nous bâtissons notre méthode de néo-gociation 4-10-10 sur le corpus de connaissances, validée par la communauté académique.

Nous suggérons aux professionnels de l'administration publique de concentrer leurs efforts sur la création de valeur pour leur organisation tout en analysant où se trouve la partie de la valeur *sine qua non* aux yeux de leurs partenaires en négociation. Aujourd'hui plus que jamais, les professionnels de l'administration publique doivent apprendre à maîtrisent l'art et la science de la négociation pour éviter les incompréhensions, la polarisation des intérêts entre les parties. Un professionnel de l'administration publique doit avoir une volonté permanente de s'informer, d'écouter avec empathie des différents points de vue, de collaborer, de réseauter, de partager des idées nouvelles pour les tester auprès des parties prenantes diverses et d'entretenir des relations durables avec elles, basées sur la confiance partagée. Ce type de leadership existe surtout au niveau local où la proximité entre un nombre réduit de personnes le permet. Par opposition, il faut avoir pour cela une motivation plus politique et idéologique quand il s'agit des professionnels au sein des organisations au niveau des gouvernements nationaux. Les citoyens ne se considèrent plus aujourd'hui comme des électeurs « périodiques » mais plutôt comme des clients permanents de leurs administrations et comme des agents-contributeurs de l'évolution de l'organisation de la société. De même, les administrateurs publics ne veulent plus être perçus comme des fonctionnaires mais plutôt comme des gestionnaires astucieux, gérant les ressources publiques de manière responsable. Ils veulent aussi que les administrés perçoivent leur capacité à animer des réseaux de partenaires constitués pour faciliter le bon fonctionnement du « vivre ensemble » dans la cité. Le principal défi consiste à créer des normes et à bonnes pratiques communes à tous ces acteurs pour faire avancer la société et créer une nouvelle administration publique proposant des services de qualité avec des normes de légitimité, de transparence et d'efficacité. Frank a co-écrit un article avec un doctorant en sciences politique sur ce sujet, intitulé «Des villes sous contrat à la gouvernance collaborative de masse», publié dans le journal *American City and County*. Dans cet article, les auteurs passent en revue le Plan Lakewood de 1954, qui a donné naissance au modèle de passation des marchés de service pour les municipalités dans tous les secteurs utilisant la collaboration comme plateforme pour fournir des services municipaux efficaces.

Néo-gociation 4-10-10 est née des années de notre analyse, de nos enseignements et de notre pratique de la négociation, enracinée dans le partage et la collaboration. La néo-gociation 4-10-10 bâtit sur les connaissances en biologie cognitive, traduites en un processus qui a un impact clair et mesurable en résultats obtenus en gouvernance. Parmi les milliers de stagiaires et d'étudiants que nous avons eu le plaisir de côtoyer dans nos cours et séminaires dans le monde entier, près de 100% déclarent vouloir une approche gagnant-gagnant pour la négociation car elle conduit à des résultats plus agréables. Cependant, dans la pratique, seulement 20% réussissent à mettre en pratique l'approche des gains mutuels. Les 80% restants sélectionnent plus la pratique concurrentielle de la négociation, enracinée dans la *hard power*. Max Bazerman a écrit un livre brillant sur la non-rationalité des négociateurs ; pourquoi ils divisent des parts de résultats d'une négociation plus souvent qu'ils les mutualisent. Il y a beaucoup de littérature sur le sujet de la recherche d'un consensus, des livres comme *Getting to Yes* de Roger Fisher et William Ury. Fisher et Ury font remarquer qu'en pratique, la plupart des négociateurs voient la négociation comme un bras de fer de compétition dans lequel 70% aboutissent à une impasse (0-0) et les 30% restants se terminent avec des scores de (1-0), (1-1) (2-1). Seul un groupe d'élite de négociateurs éclairés voient dans une situation de négociation la possibilité d'obtenir des scores correspondant à des ratios de gain plus élevés tels que (10-10), (9-8) ou (9-9). Nous allons nous employer dans ce livre à vous démontrer que seule la collaboration produit ces résultats optimisés.

Dans ce livre, nous proposons aux professionnels de l'administrateurs publics de devenir des négociateurs et des médiateurs éclairés, capables d'améliorer :

a) la probabilité pour conclure une meilleure affaire,
b) la valeur publique d'un accord en inventant et en prenant de bonnes décisions,
c) la productivité (ratio de gain supérieur) pour conclure un accord avec une valeur mutuelle supérieure,
d) la négociation avec les réseaux sociaux pour augmenter la durabilité et la soutenabilité des accords,
e) la conclusion des accords en reconnaissant et en prévenant les conflits, et
f) les règles et le langage de la négociation dans le contexte de collaboration.

Cependant, il serait naïf de croire que tout peut être résolu par néo-gociation 4-10-10. Cette approche ne consiste pas à être gentil, coopératif ou soumis tout le temps, pas plus qu'à être agressif, assertif ou compétitif tout le temps. Il s'agit de trouver un bon équilibre entre les deux, de fixer des limites, d'être coopétitif, empathique, éloquent et précis en échange verbal et intransigeant en défense des valeurs fondamentales et des intérêts communs des parties. Il faut aussi être créatif pour trouver des solutions aux problèmes perçus et bloquants qui peuvent potentiellement empêcher l'accord. Après avoir inventé l'approche des gains mutuels avec Lawrence Susskind, Robert Mnookin a écrit un excellent livre intitulé Négociation avec le Diable, quand négocier et quand se battre.

Dans notre livre, nous présenterons dans le même esprit de ce qui est négociable et de ce qui ne l'est pas. Plus important encore, nous proposerons dans ce livre un langage commun en négociation que nous appellerons la technique 4-10-10. Nous espérons que ce langage deviendra universel afin de permettre aux personnes qui l'adopteront d'atteindre de meilleurs résultats en négociations publiques/institutionnelles/sectorielles ou en négociations privées.

Enfin, la néo-gociation 4-10-10 peut être appréhendée comme un état d'esprit. Bien que nous ne puissions pas garantir les résultats des négociations, nous sommes convaincus qu'après avoir lu ce livre, vous serez capables d'identifier un mauvais cadre de négociation qui ne pourrait vous mener qu'un à un résultat gagnant/perdant. A la fin de lecture de ce manuel, vous saurez le remplacer habilement par un cadre et un mode de négociation collaboratif qui maximise les résultats (gagnant / gagnant) mutuels.

CHAPITRE 2
GENÈSE ET ÉVOLUTION DE LA NÉGOCIATION EN TANT QUE PROCESSUS ÉTHIQUE

"Il faut des négociations et un travail collectif pour trouver l'équilibre réaliste des intérêts sur lequel seulement peut se fonder une paix solide."

Mikhaïl Gorbatchev en Conférence de paix le 30 octobre 1991

Le mot «négociation» trouve ses racines en latin en « Neg » ce qui signifie « Nier » et « Otium « ce qui signifie « Loisir ». Les Anglais ont appelé cela « être occupé » ou faire du « business ». Il n'est pas surprenant que le mot *business* se traduit en latin par *negocio*. L'art et la science de la négociation se sont construits sur la base de la compréhension psychologique de l'évolution des sentiments et des émotions et sur l'adaptation des désirs et des besoins avec le jeu du pouvoir en cherchant un terrain d'entente. Dans les temps modernes, les théoriciens et les praticiens de la négociation se sont attelés à étudier la négociation dans les domaines juridique et des échanges économiques.

Fisher, Ury et Patton définissent les négociations comme « une communication alternative qui a pour but la recherche d'un accord » ou comme « un processus de la communication avec les objectifs de la prise de décision communes. » De manière similaire, Rubin et Brown définissent les négociations comme « un exercice lors duquel deux ou plusieurs parties tentent de se mettre d'accord sur ce que chacune devrait donner et prendre. » Carnevale et Lawler affirment que la négociation est une « forme de communication symbolique qui implique deux ou plusieurs personnes qui tentent de parvenir à un accord sur des questions où il y a des différences d'intérêts perçues. ». Rubinstein définit la négociation comme « une situation dans laquelle deux individus ont devant eux plusieurs accords contractuels possibles. Les deux partenaires en négociation ont l'intérêts de parvenir à un accord, mais leurs intérêts ne sont pas tout à fait identiques. Quel accord vont-ils conclure supposant que les deux parties se comportent de manière rationnelle? «

Le Black's Law Dictionary définit la négociation comme « la délibération, la discussion, ou la « conférence » selon les termes d'un accord de proposition ; l'acte de régler ou organiser les termes et conditions d'une transaction. ». Le dictionnaire des affaires commerciales américain suggère que « la négociation est un processus de donner et prendre entre deux ou plusieurs parties, où chacune avec ses propres objectifs, besoins et points de vue cherche à trouver un terrain d'entente et à parvenir à un accord sur le règlement d'une question d'intérêt mutuel ou résoudre un conflit. ». Enfin, Herb Cohen, un praticien en négociation accompli, a dit à propos de la négociation le suivant: « La vie est une série constante d'actions où nous essayons d'influencer les autres. Nous semblons tout le temps d'essayer de convaincre les gens qui nous entourent d'être d'accord avec nous. C'est là que l'art de l'éloquence joue un rôle très important dans la formation d'un négociateur. Dans l'ensemble, la négociation est un processus omniprésent dans lequel les gens tentent de parvenir à une décision commune sur des questions d'intérêt commun dans des situations où il y a un désaccord initial. Ainsi, une négociation s'installe toujours en présence simultanée des intérêts partagés et des questions de conflit. De toute évidence, sans les intérêts communs, il n'y a aucune possibilité d'atteindre la résolution tout comme sans discorde, il n'y a rien à négocier. »

A la lumière de ces diverses définitions, notre paradigme de la nouvelle négociation pour les professionnels de l'administration publique se définit en tant qu'un processus éthique et élégant de prise de décision collaborative visant des avantages mutuels. Notre définition se base sur les relations de confiance entre les parties prenantes dans une négociation. La relation et la capacité à susciter la confiance sont deux qualités essentielles que chaque professionnel de l'administration publique doit posséder pour être « productif » en négociation. Autrement dit, la néo-gotiation exige la recherche d'un résultat gagnant / gagnant le plus proche possible du bénéfice mutuel optimum.

La négociation en tant que concept « primitif », découle du conflit, du jeu de la concurrence pour gagner et de l'envie de « détruire » nos adversaires à cause des sentiments de jalousie, de rivalité et de « déshonneur ». En Europe moyenâgeuse, les Germains, des Lombards et des Francs, ont introduit au Moyen Age le duel judiciaire comme un moyen de règlement de rivalités (et par conséquent d'un déshonneur) entre les gentilshommes, considérant que Dieu ne laisserait pas mourir un innocent. Le premier duel américain a eu lieu en 1621 à Plymouth Rock. Avec les inventions de règles dans la société, les types de conflits et la violence de leur règlement ont évolué. Cependant, l'Homme continue dans les situations frustrantes où il ressent les sentiments d'injustice ou de déshonneur, d'avoir des réactions cognitives primitives et instinctives dans le système limbique de son cerveau qui provoque des comportements agressifs et la « montée de la testostérone ». Nous sommes humains après tout. La partie limbique du cerveau est la partie du cerveau que nos ancêtres préhistoriques ont développée avant le néo-cortex qui est le cerveau analytique, qui s'est développé avec le langage. Le cerveau limbique ne parle pas, il se sent, il est entièrement basé sur les cinq sens. D'où la valeur que nous accordons à esthétique, C'est la raison pour laquelle nous soignons notre apparence ou mettons du parfum pour impressionner/séduire nos partenaires, parents, amis, clients ou électeurs. Depuis la préhistoire, l'odeur est devenue un facteur d'attraction et donc la base de persuasion ou de conflit. Aujourd'hui, un parfum raffiné, jugé agréable ou le partage d'un repas de qualité organoleptique, continuent à provoquer des réactions chimiques dans notre cerveau limbique. Dans certaines cultures, il continue à être très important de « boire et manger » dans le processus de négociation. Comme celui-ci se déroule entre différents acteurs, nous allons à présent analyser des différents types de négociateurs dans divers contextes et illustrer notre analyse avec des exemples parfois simplifiés voire exagérés pour les rendre explicites. Nous ne souhaitons pas de manque de respect à aucun secteur, personne ou groupe mais considérons que l'aspect « brut » de nos exemples permet aux lecteurs de mieux saisir nos propos et de mieux s'en souvenir.

Nous apprécions les motivations, intentions et intérêts distincts des acteurs publics, privés et issus du secteur tiers. Le secteur privé est motivé par les gains pour ses actionnaires et il n'y a pas de honte à en avoir. Concevoir des solutions non monétaires à un conflit ou un problème dans le secteur privé ne suscitera probablement que peu d'intérêt. Le secteur public a été conçu pour veiller au respect des droits et pour fournir la meilleure qualité possible de vie à ses électeurs ; il n'y a certainement pas de honte à cela non plus. Frank dit souvent qu'il n'était pas élu à Rolling Hills Estates pour maximiser les rendements monétaires pour ses électeurs, mais pour assurer leur sécurité et pour leur offrir la qualité de vie qu'ils méritent et exigent. Bien que les ressources financières soient importantes pour la mise en œuvre des politiques souhaitées dans l'administration publique, les problèmes et les conflits latents ne pourraient pas être résolus dans cette ville californienne uniquement à travers des solutions financières. Enfin, les organisations du secteur à but non lucratif se concentrent sur leurs missions « étroites » en fonction du territoire qu'elles couvrent ou des bénéficiaires/ causes auxquelles elles se consacrent ; et il y a clairement aucune honte à cela.

Cela dit, dans le monde collaboratif d'aujourd'hui, les citoyens s'attendent à plus de résultats de chacun des secteurs.

Alors que les défis sociétaux sont devenus immenses, les opportunités se présentent précisément dans l'espace intersectoriel. Nous fournirons ici quelques exemples de modèles de gouvernance collaborative et de l'application de notre paradigme de néo-gociation 4-10-10 intersectorielle.

Avant de commencer à expliquer notre paradigme, nous voulons en donner une définition et distinguer ses « ingrédients » de ceux qui sont utilisés dans des négociations conventionnelles. Nous sommes attachés à l'importance d'un comportement « élégant » et éthique d'un néo-gociateur. En effet, notre paradigme de la néo-gociation 4-10-10 pour les professionnels de l'administration publique repose largement sur de bonnes compétences en gouvernance, la collaboration et l'établissement de relations confiance. Nous introduirons les aspects éthiques des règlements des conflits d'intérêts pour attirer l'attention du lecteur sur ces principes que nous considérons très importants pour pouvoir changer le cadre mental d'un négociateur. L'importance de l'intégration des politiques éthiques dans le service public à tous les niveaux du gouvernement est étayée dans la littérature sur la bonne gouvernance et la pratique en matière d'administration publique. Les auteurs s'accordent sur le fait que l'efficacité des gouvernants qui appliquent scrupuleusement les principes éthiques est renforcée par la confiance du public à leur égard. Comme nous le verrons dans les chapitres suivants, « la relation » et « la confiance » sont des ingrédients principaux de toute négociation gagnant / gagnant. L'exercice de la fonction publique permet de créer un lien privilégié entre les fonctionnaires et les citoyens. Ce lien privilégié requiert des fonctionnaires de tous les niveaux et des employés travaillant secteur public à faire une sorte d' « allégeance » aux citoyens, aux lois, aux règlements et aux principes éthiques supérieurs à leur intérêt personnel. Un respect strict de la loi et de l'éthique des affaires publiques sont des principes essentiels pour constituer, renforcer et préserver la confiance du public en ses gouvernants. Qu'ils soient élus, nommés ou embauchés, les fonctionnaires doivent comprendre et appliquer des normes éthiques pour atteindre la bonne gouvernance et éliminer les irrégularités.

Dans ce chapitre, nous comprenons l'éthique en tant que discipline légale et réflexive, utilisée pour résoudre les conflits non seulement par de moyens techniques mais également de moyens sociétaux. On dit parfois que l'éthique commence là où s'arrête la loi. Notre conscience morale et les valeurs servent de base pour l'instauration des règles juridiques dans une société. L'éthique et le droit entretiennent une relation symbiotique dans le règlement et l'encadrement du bien social. Bien que chaque discipline ait ses propres paramètres, ils se chevauchent pour faire avancer société. C'est également là que des éléments de bonne gouvernance tels que la transparence et la responsabilité, par exemple, aident à protéger l'intérêt public.

Notre collègue Terry Cooper dans son livre « L'administrateur responsable » étudie l'éthique du point de vue de la conduite morale et du statut moral. Il distingue l'éthique et la moralité en affirmant que la moralité « suppose que certains modes de comportement soient acceptés par tradition, culture, religion, ou organisation familiale ». Puis il suggère que l'éthique est « un pas de côté par rapport à l'action menée ». En cela, « l'éthique implique l'examen et l'analyse de la logique, des valeurs, des croyances et des principes qui sont utilisés pour justifier la moralité sous ses diverses formes. » Ces valeurs, croyances et principes exigent l'équité et la justice, en particulier dans la mesure où elles s'appliquent à l'intérêt public légal et au service public. Malgré le chevauchement du droit et du service public, les fonctionnaires et les administrés interprètent les lois en vigueur selon ce que Cooper qualifie de « lois moraux à minima ». Nous en sommes d'accord. Bien que le cadre soit à minima, il a le mérite de mener à bien des réalisations pour les organisations publiques et pour leurs administrés bien au-delà du minimum requis. Dans ce contexte, la mise en place et l'application de des normes, lois et règlements éthiques plus ambitieuses que ces « lois moraux à minima » ne peut que faire augmenter la crédibilité des fonctionnaires aux yeux de leurs administrés. En plus, ces lois renforcées ont le mérite d'inspirer une culture de confiance envers les fonctionnaires élus, nommés et/ou recrutés.

Nous ne sommes ni dupes ni naïfs. Vous les lecteurs, vous ne l'êtes non plus. Nous savons tous que tout ce qui est légal n'est pas toujours éthique et ce qu'il est illégal n'est pas forcément contraire à l'éthique. Récemment, le PDG d'un important groupe pharmaceutique a décidé de multiplier par cinquante le prix du traitement du Sida. Alors que cette hausse des prix était parfaitement légale, l'indignation du public, dans ce qui était perçu comme une action contraire à l'éthique, a provoqué une campagne médiatique très négative pour le PDG et son entreprise. Incroyable mais vrai, selon le quotidien Die Welt, le président américain Donald Trump aurait cherché pendant la crise de COVID-19 à négocier l'achat du brevet d'un vaccin développé par la société allemande CureVac, dans le but de le distribuer uniquement aux États-Unis ! Le gouvernement allemand s'y est bien évidemment opposé et l'entreprise CureVac a refusé l'offre jugée comme contraire à l'éthique. A contrario, la Campagne de Birmingham de

1963, bien qu'illégale en vertu de la loi de l'époque dans l'état de l'Alabama, a permis à l'association américaine pour les droits civiques « Southern Christian Leadership Conference » d'attirer l'attention sur les inégalités de traitement que les Afro-Américains enduraient à Birmingham, en Alabama. Son leader, Martin Luther King, a su transformer cette action illégale en un manifeste et en un mouvement national en vertu de la Constitution des États-Unis. En fait, cette marche est devenue le catalyseur pour la loi sur les droits civils de 1964, faisant progresser les États-Unis dans la justice sociale. L'éthique dans l'administration publique varie d'un pays à l'autre en tenant compte du contexte historique, politique et culturel ; il nous est impossible de recommander des façons de l'appliquer de manière universelle, facile et simple. En fonctions des cultures, certains pays adhèrent à la règle de droit et d'autres ont recours aux compétences en leadership pour contrôler la corruption. Aux États-Unis, les lois en matière de l'éthique et de la gestion des conflits sont très strictes et détaillés.

Des pays nord-européens comme le Danemark, où selon *Transparency International* l'intérêt personnel est presque inexistant, des normes d'intégrité les plus strictes sont culturelles et n'ont pas besoin d'être régis par un corpus de textes légaux. Aux États-Unis et dans l'Union européenne, l'état de droit impose et inspire des principes de la conduite éthique, en particulier dans les domaines de la médecine, du droit et du service public. Le juge Ronald George, l'ancien membre de la Cour suprême de la Californie, aurait dit que « le titre de professionnel en droit exige que, dans la pratique quotidienne, un avocat doit s'efforcer de transcender les exigences du moment pour considérer un bien supérieur. Un avocat n'est pas simplement un représentant ou au service de ses clients – c'est un officier de justice. Cette dénomination rappelle qu'un avocat a les obligations non seulement vis-à-vis de son client, mais également vis-à-vis des tribunaux et du système de justice dont il fait partie intégrante. » Les lois guident les fonctionnaires dans la prévention des conflits entre l'intérêt du public et leur intérêt personnel. Les règlements publics établissent les règles de surveillance indépendante des fonctionnaires ainsi que leur obligation de divulguer des informations au public sur leurs intérêts privés. Ceci améliore le niveau de la confiance et de la participation du public au processus de gouvernance. A ce titre, l'adoption d'un ensemble complet de réformes politiques visant l'éthique publique et les conflits d'intérêts en Californie remonte à 1974. À la suite du scandale présidentiel fédéral Watergate, la Californie est devenue le premier État de l'Union à adopter une initiative électorale connue sous le nom de *The Political Reform Act of 1974* ou to simplement comme *The Act*. Cette loi vise à réglementer strictement les activités de campagne politiques, les actions des lobbyistes et tous de tous les agents publics, qu'ils soient d'Etat ou locaux. Le but de cette loi a été d'obliger les fonctionnaires à diriger les affaires du public dans un système d'administration avec des règles claires et précises. Cette loi a donc eu pour mérite de codifier des règles unifiées de conduite des agents publics actifs dans l'administration publique californienne en période électorale. Aujourd'hui, ces règles sont devenues le seuil qui correspond aux attentes minimales en matière d'éthique et elles ne sont pas sujet à l'interprétation par les fonctionnaires dans l'Etat de Californie. Parmi ses exigences les plus basiques, la loi oblige les agents publics à divulguer leurs intérêts économiques lorsqu'ils commencent leur mandat et à les déclarer chaque année pendant l'exercice de leurs fonctions et lorsqu'ils quittent leurs fonctions.

Les conflits surviennent lorsque la responsabilité d'un fonctionnaire, membre d'un parti politique interfère avec les intérêts d'un autre parti politique. Le dictionnaire de droit américain de Black définit les conflits d'intérêt comme « des situations qui peuvent déstabiliser une personne en raison de son intérêt personnel et l'intérêt public. » Pour nos besoins, Merriam-Webster fournit une définition de conflit d'intérêt comme « un conflit entre les intérêts privés et les responsabilités officielles d'une personne en situation de confiance. » Au sein de l'Union européenne, c'est seulement en 2000 que la Recommandation n° R(2000)10 du Comité des Ministres du Conseil de l'Europe aux Etats membres sur les codes de conduite pour les agents publics a donné une indication sur ce qui est attendu « à minima », à savoir que « l'agent public doit éviter que ses intérêts privés entrent en conflit avec ses fonctions publiques et qu'il est de sa responsabilité d'éviter de tels conflits, qu'ils soient réels, potentiels ou susceptibles d'apparaître comme tels. » D'ailleurs, l'Article 13 de cette Recommandation définit le conflit d'intérêt d'un agent public très clairement comme « ...un intérêt personnel de nature à influer ou paraître influer sur l'exercice impartial et objectif de ses fonctions officielles. L'intérêt personnel de l'agent public englobe tout avantage pour lui-même ou elle-même ou en faveur de sa famille, de parents, d'amis ou de personnes proches, ou de personnes ou organisations avec lesquelles il ou elle a ou a eu des relations d'affaires ou politiques. Il englobe également ment toute obligation financière ou civile à laquelle l'agent public est assujetti. » En 2004, l'OCDE a adopté une définition du conflit d'intérêt semblable, où « un conflit d'intérêts implique un conflit entre la mission publique et les intérêts privés d'un agent public, dans lequel ce dernier possède à titre privé des intérêts qui pourraient influencer indûment la façon dont il s'acquitte de ses obligations et de ses responsabilités. » Les Directives européennes de lutte contre la corruption, promulguées en 2014, affichent clairement des objectifs de prévention des pratiques en lien avec des conflits d'intérêts et les pouvoirs adjudicateurs. Transposées dans les législations nationales européennes, ces directives permettent les poursuites pénales en cas de corruption, de trafic d'influence, de prise illégale d'intérêt ou encore de favoritisme. En France, la loi du 13 octobre 2013 sur la transparence de la vie publique renferme des obligations de prévention des conflits d'intérêts et d'abstention à provoquer toute situation d'interférence entre intérêts publics et privés.

Pour de nombreux professionnels de l'administration publique, il est pratiquement impossible d'éviter tous les conflits. La résolution du conflit devient un équilibre entre l'équité, la transparence et la capacité à inspirer la confiance des administrés et des pairs de l'échiquier politique. Frank, lorsqu'il a été Maire de Rolling Hills Estates en Californie, il a aussi vécu avec sa famille dans cette ville. Il a fait passer régulièrement des votes sur les dépenses publiques à engager pour entretenir les infrastructures de différents quartiers de la ville. Inévitablement la rue où il habite se trouve dans un de ces quartiers. C'est bien connu que la valeur des biens immobiliers dépend en partie de la qualité des infrastructures du quartier où ils se situent. Si le quartier est bien entretenu, ceci contribue à maintenir voire augmenter la des propriétés qui s'y trouvent. Bien que, techniquement, Frank puisse être accusé d'un conflit d'intérêt lors d'un vote sur une dépense publique concernant « son » quartier (à cause de son intérêt personnel de maximiser la valeur de son bien lors d'une éventuelle transaction immobilière), ses décisions en matière de l'urbanisme et d'entretien de la ville étant équitablement distribuées et justifiées, personne ne lui a jamais fait moins confiance à cause de ce conflit d'intérêt « latent ». Donc, pas tous les conflits sont des conflits pouvant donner lieu à une action juste et justifiée dans le contexte éthique. La meilleure option en cas d'accusation de conflit d'intérêt réside dans la transparence totale de l'agent public et dans sa capacité à communiquer publiquement sur ses intérêts personnels. D'ailleurs, la Direction de l'information légale et administrative du Premier ministre stipule dans sa Directive publiée en mai 2019 « que tout agent public doit faire cesser immédiatement ou prévenir les situations de conflit d'intérêts dans lesquelles il se trouve ou pourrait se trouver. L'agent qui doit être nommé sur un emploi dont la nature ou le niveau des fonctions répond à des critères d'exposition à un risque de conflit d'intérêts est soumis à une obligation de déclaration de ses intérêts. L'agent qui a connaissance d'une situation de conflit d'intérêt doit en informer sa hiérarchie. » L'autorité hiérarchique qui constate que l'agent se trouve dans une situation de conflit d'intérêts soit prend les mesures nécessaires pour y mettre fin, ou elle ordonne à l'agent de faire cesser cette situation dans un délai déterminé. Si elle ne s'estime pas en mesure d'apprécier si l'agent se trouve en situation de conflit d'intérêts, elle transmet la déclaration d'intérêts à la Haute Autorité pour la transparence de la vie publique (HATVP) qui examine, dans un délai de 2 mois à partir de la réception de la déclaration, si l'agent se trouve dans une situation de conflit d'intérêts. À l'issue de cet examen soit elle informe l'autorité hiérarchique et l'agent que la situation n'appelle aucune observation, soit elle adresse une recommandation à l'autorité hiérarchique qui prend alors les mesures nécessaires pour mettre fin à la situation de conflit d'intérêts ou ordonne à l'agent de faire cesser cette situation dans un délai déterminé. En cas de modification substantielle de ses intérêts au cours de l'exercice de ses fonctions, l'agent doit effectuer, dans les 2 mois, une nouvelle déclaration. Nous n'insisterons pas assez sur le fait qu'il est fort recommandable aux professionnels de l'administration publique de suivre scrupuleusement les règles d'éthique organisationnelles, et recherche le conseil des professionnels en cas de doute. Enfin, rien ne remplace un bon leadership. Nous allons traiter en détail le sujet de leadership et de la valeur qu'il apporte à travers notre paradigme de la néo-gociation 4-10-10 au chapitre 9 de ce livre.

CHAPITRE 3
ACTEURS : IDENTITÉ ET CARACTÉRISTIQUES DE NÉGOCIATEURS

"Se trop ériger en négociateur n'est pas toujours la meilleure qualité pour la négociation."

Cardinal de Retz, Mémoires (1717)

Dans ce chapitre, nous analysons des acteurs selon leur façon privilégiée de se comporter en situation de négociation. La plupart trouvent généralement un espace naturel et confortable pour négocier, en lien avec leur personnalité et leur contexte. Alors que le sexe joue un rôle dans certains cas, pour chaque acteur/type que nous décrivons ci-après, il peut s'agir d'un homme ou d'une femme dans les différents scénarios présentés. Il serait erroné de généraliser ou de stéréotyper les comportements en négociation selon sexe. Certains types de négociateurs sont mieux adaptés pour les négociations coopératives. D'autres, en revanche, sont des négociateurs assertifs, distributifs et positionnels, intellectuellement et émotionnellement opposés aux négociations du type « gagnant-gagnant ». Certes, nous ne sommes pas des psychologues cliniciens, mais en tant praticiens-observateurs en matière de négociation, nous pouvons affirmer sans rougir que nous connaissons et reconnaissons les différents types d'acteurs.

L'AUTORITAIRE

« Par l'autorité, j'entends les qualités de sagesse d'équité, d'humanité, de courage et de sévérité du général ».

Sun Tze, L'Art de la Guerre, VIème siècle avant J.C.

Le négociateur autoritaire est une personne qui voit une négociation comme l'art de la guerre ou comme un jeu de pouvoir qui doit *in fine* contenter son ego. Il peut s'agir d'un comportement instantané, provoqué par un stimulus et la réponse immédiate du cerveau limbique ou alors, il peut s'agir d'une approche/posture permanente, plus difficile à influencer pour la changer. C'est un négociateur difficile à affronter car il est prédisposé à utiliser tous les moyens pour atteindre son but. C'est un guerrier qui, au-delà d'être très compétitif, peut être « jaloux » de son adversaire. Il est envieux de ce qu'il existe de mieux dans l'environnement dans lequel il évolue et il est prêt à violer les règles d'éthique et même des règles de droit pour obtenir plus que les autres. Il peut être destructeur. La testostérone qu'il produit en grande quantité, renforce son comportement agressif pour gagner aux dépens des autres. Il préfère la méthode de domination pour créer de la valeur sans jamais avoir du plaisir à la partager. L'autoritaire s'intègre mieux dans un système de gouvernance hiérarchique. Il menace ceux qui ne sont pas d'accord avec lui et récompense ceux qui acceptent ses objectifs et sa façon de faire. Il est impressionné par des gens et des objets d'autorité, tels que les uniformes, les voitures et les propriétés procurant à ceux qui les possèdent du prestige. Il est égocentrique; il va donc sculpter son image, son corps, tout ce qui nourrit sa vanité et son estime de soi. Il a une aversion pour le risque. Il n'aime pas les changements et ne tolère pas les nouvelles idées (à moins qu'elles ne soient les siennes). En bref, l'autoritaire utilise le pouvoir comme un moyen privilégié pour forcer la prise d'une décision qui arrange ses intérêts. La littérature labélise ce pouvoir comme *hard* par opposition à celui qui est *soft*, basé lui, sur la diplomatie, la réalité économique, l'empathie humaine et la fine connaissance des influences interculturelles sur le comportement des partenaires en négociation. Un autoritaire aime provoquer les situations extrêmes. Il est généralement cynique et pessimiste dans ses propos pour diminuer les aspirations de ses adversaires. Dans la vie privée, c'est lui qui présente le passeport de sa femme à l'aéroport aux agents de contrôle aux frontières, paye l'addition au restaurant par peur d'être perçu comme « entretenu » si c'était son épouse qui la payait. De manière générale, c'est lui qui prend toutes les décisions, aussi bien importantes que sans importance, concernant le ménage de manière unilatérale et autoritaire. Comme nous l'avons mentionné, le sexe n'est pas nécessairement déterminant ici, une femme peut être autoritaire dans ce contexte tout autant qu'un homme. Ils « jouent » tous les deux durement dans la séduction, sont durs, ne rappellent pas quand ils sont appelés et ils n'ont aucune empathie pour les sentiments des autres.

Ces négociateurs compétitifs n'accordent pas beaucoup d'importance à la valeur des relations. Ils sont toujours méfiants. Ils peuvent même ressentir de l'hostilité envers leurs « adversaires ». Les autoritaires ont la tendance à beaucoup parler et généralement n'écoutent et n'entendent pas ce qu'on leur répond, sauf s'ils peuvent s'en servir à leur avantage. Ils sont habitués à utiliser des outils de coercition, de menace ou ceux qui génèrent le sentiment d'une déception.

L'autoritaire doit toujours avoir le dernier mot et faire l'offre finale pour conclure une affaire. Comme nous en discuterons plus tard, ce type de négociateur peut mettre en échec la bonne mise en pratique de notre paradigme de néo-gotiation en particulier dans le service public. Pour contrer les manœuvres des autoritaires, il est utile de les contrer avec un comportement non conflictuel, montrant un désintérêt pour les propos agressifs. Eventuellement, il est utile d'appeler un chat un chat, en signalant à l'Autoritaire que ses tactiques sont décelées et sans effet sur soi.

Les néo-gociateurs permettent à l'Autoritaire de parler tout en développant différentes options et les meilleures tactiques sans jamais entrer dans les joutes verbales agressives que peut chercher à provoquer l'Autoritaire. Les autoritaires veulent toujours prendre la décision finale ou avoir le dernier mot. Les autoritaires sont des négociateurs basés sur la position. Les néo-gociateurs doivent ainsi rechercher dans les propos des Autoritaires des désirs qui pourraient flatter l'égo de ceux-ci tout en atteignant un accord gagnant / gagnant sur le fond. L'histoire de Charles Maurice de Talleyrand et sa façon de négocier avec la Prusse la non-destruction du pont de Iéna à Paris, en est un parfait exemple. La tâche de Talleyrand était de dissuader les Prussiens de détruire ce pont historique, une grande source de fierté pour les Français. Puisqu'il a compris que la réparation du déshonneur des Prussiens par les Français était le pivot de la négociation, il a proposé de lui redonner un nom neutre de sens comme le Pont du Champs de Mars ou Pont de l'Ecole Militaire, initialement envisagés pour cet ouvrage. Le nom du Pont de Iéna célébrant la victoire de l'armée napoléonienne sur les Prussiens dans la bataille qui s'est déroulée à Iéna en Allemagne dans l'actuel Land de Thuringe le 14 octobre 1806 sonnait comme un outrage aux oreilles des Prussiens. Ainsi, Talleyrand a habilement transformé la colère des Prussiens en une satisfaction flattant leur ressenti national. Pour les Français sous le règne du Louis XVIII., le souvenir des succès de guerre napoléoniens n'avait plus guère d'importance comparé à la sauvegarde du pont. L'histoire de Talleyrand illustre les aptitudes théoriques de la négociation pour désamorcer un négociateur autoritaire en créant des nouvelles options, en lui présentant un récit flattant son égo. Les néo-gociateurs formés à notre méthode trouveront ainsi les manières de flatter l'égo de l'autoritaire et de caresser sa vanité, tout en tentant pour le faire évoluer vers un terrain plus propice à la construction d'un consensus basé sur un cadre différent. La Mère Theresa disait: « La paix commence par un sourire ». Ne sous-estimez jamais le pouvoir de la diplomatie et de la grâce, même dans les négociations très difficiles. Le secret pour réussir une négociation avec un autoritaire réside dans votre capacité à ne pas entrer dans une escalade, ou dans une rivalité symétrique. Au contraire, donnez à l'Autoritaire les opportunités et le temps de s'approprier les éventualités nouvelles ou le laisser croire que c'est lui qui les a trouvées par lui-même avec le sourire.

LE CONTRÔLEUR

Le contrôleur est un négociateur qui n'a pas le même type de pouvoir que l'autoritaire, néanmoins il aime contrôler la situation. Il déteste l'insécurité. En permanence, il veut recevoir les preuves d'amour et de respect. Le contrôleur a une faible estime de soi. Il est défensif et plein de peur. Il ne se sent jamais assez bien et il est terrifié à l'idée que ses adversaires puissent sentir cette insécurité. Le contrôleur doit avoir raison et se sentir en contrôle. Manquer de contrôle augmente son niveau d'anxiété qui le pousse à devenir agressif et chercher à faire perdre l'autre, tout en essayer de gagner lui-même en instaurant un climat et un cadre concurrentiel. Le *control freak*, comme l'appellent les Anglo-saxons, est un perfectionniste paralysé, car à ses yeux, rien n'est jamais comme il faudrait. Un sentiment de supériorité inconscient le pousse à prendre les devants, car selon lui, les autres ne savent pas gérer les imprévus. Le contrôleur n'est pas capable de se préoccuper des besoins et des sentiments des autres car il est concentré sur sa défense à tout prix. Il a la tendance à utiliser un langage normatif, à s'abriter derrière le cadre juridique en vigueur et la conformité comme source de confiance. Le contrôleur n'est pas un rêveur. Il n'est pas inventif et on ne peut pas le caractériser comme un entrepreneur. Il aime les routines, les pratiques parfaitement organisées et éprouvées, qui ne lui laissent aucun doute sur le succès dans leur application. Pour séduire ou devenir attrayant pour un contrôleur, un bon négociateur doit être terre-à-terre, responsable, logique et engagé. La responsabilité, l'éducation et la maturité sont des compétences qu'un contrôleur apprécie pardessus tout. Pour gagner la confiance d'un contrôleur, un bon négociateur doit démontrer qu'il est enraciné dans la tradition et respecte scrupuleusement les règles et les lois. Les contrôleurs ne recherchent pas des personnes avec lesquelles ils pourraient passer un moment agréable. Ils recherchent le contact avec des assureurs, des banquiers importants, des prestataires et des hommes et des femmes expérimenté(e)s et qui bénéficient d'une réputation de personnes de confiance. Par nature, les contrôleurs recherchent la pureté, la transparence et l'intégrité avant de faire confiance ou d'ouvrir leur cœur. Comme ils sont prudents, ils ont tendance à être agressifs et froids au contact des personnes qu'ils ne connaissent pas. Les contrôleurs sont lents dans l'analyse et dans la prise de décision car ils craignent des erreurs. Rodin aurait dit un jour : « tout ce qui est fait avec le temps, le temps le respecte. » Les contrôleurs ont besoin de sentir que le moment de prendre une décision est propice. Il faut donc multiplier les occasions de rencontre pour leur permettre de mieux vous vous apprécier avant d'espérer de véritablement commencer à négocier. Le discours d' un contrôleur est truffé de mots tels que l'honneur, le sens du devoir, l'intégrité, la sincérité, la bonne foi, la moralité, le patriotisme, l'égalité, le compromis, la praticité, la rationalité, l'objectivité et d'une démarche pas à pas. La patience au contact d'un contrôleur est généralement récompensée lorsqu'on accepte le principe d'une négociation très lente, progressive, en montant les marches les unes après les autres. Comme n'importe quel pêcheur vous le dira, il ne sert à rien d'essayer de pêcher la truite à midi, les meilleures prises se font soit tôt le matin ou après 18h. De même, un bon négociateur doit trouver le bon moment pour trouver un accord gagnant/gagnant avec un contrôleur. La négociation avec un contrôleur est un jeu d'endurance, persévérance et d'adaptation pour trouver le bon moment et le bon contexte (en utilisant le vocabulaire avec lequel le contrôleur est le plus à l'aise avec). Nous aborderons le sujet du contexte de négociation et du *timing* plus tard, dans les chapitres consacrés aux aspects techniques de néo-gociation 4-10-10.

La compréhension des caractéristiques et du comportement typique des Autoritaires et des Contrôleurs est importante pour savoir comment les motiver pour devenir des partenaires utiles dans le processus de la néo-gociation 4-10-10. En effet, il est presque impossible de déployer avec succès les principes de la néo-gociation 4-10-10 avec ces deux types de négociateurs sans quelques ajustements ou sans leur proposer de prime à bord un cadre dans lequel ils peuvent se sentir en sécurité et valorisés pour s'y épanouir. Autant il est important de savoir comment faire pour qu'un Autoritaire modifie le caractère coercitif de ses affirmations et de sa posture, que de créer des conditions pour qu'un Contrôleur se rassure pour pouvoir devenir en quelque sorte un « développeur inventif ».

Grâce à la patience et aux données solides basées sur les faits, les bons négociateurs permettent ainsi aux Contrôleurs de développer leur propre récit compatible avec un cadre collaboratif.

Bien qu'il soit important de valoriser les données, les métriques et la prévention des risques, il nous semble qu'il est primordial de poser des bases du cadre collaboratif en étant ouvert, flexible, confiant et attentif au « bonheur » de ses partenaires en négociation. C'est précisément ce que IBM avait découvert en 2003, car les valeurs les plus citées par plus de 300 000 de ses salariés étaient « la confiance et la responsabilité personnelle dans tout type de relations ». Kenneth Arrow, lauréat d'un prix Nobel d'économie en partenariat avec divers universitaires de FGV, Stanford, MIT et Harvard, a démontré dans un livre publié au Brésil que la plupart des retards économiques ou la bureaucratie économique hypertrophiée peuvent être expliqués ou attribués au manque de confiance mutuelle. Sur la base de notre propre expérience, nous extrapolons qu'il en va de même pour la négociation au sein de l'administration publique. Nous y reviendrons dans le contexte de la néo-gociation 4-10-10 dans chapitres ultérieurs de ce livre.

LE FACILITATEUR

Le Facilitateur est un humaniste ayant pour « mission » d'aider les autres, de les rassembler et de les intégrer. Il fait confiance aux gens, accepte les différences interpersonnelles et généralement arrive à vivre en harmonie avec ses collaborateurs, ses collègues, ses ami(e)s et les membres de sa famille. Il apprécie la coopération, la flexibilité et les situations harmonieuses. Il n'aime pas les systèmes hiérarchiques ; préfère la collaboration à la concurrence et l'ouverture et la transparence. Il aime former les gens et s'efforce de les faire progresser dans leurs compétences, tout en appréciant leur loyauté. Le Facilitateur est stimulé par le défi intellectuel, l'échange et les nouvelles connaissances à acquérir. Il aime le plaisir des débats respectueux ; il ne craint pas de changer ses propres points de vue. Il ne voit pas nécessairement une source de conflit dans un désaccord. Il la perçoit plutôt comme une opportunité de confronter ses croyances à la lumière des faits nouveaux et d'établir de nouvelles « vérités ». Contrairement au Contrôleur et l'Autoritaire, le facilitateur pense et parle en « nous » et pas en « je » ou en « moi ». Il n'a pas d'ego démesuré, mais plutôt une douce conscience de soi qui lui permet de donner de la valeur aux propos ou aux actions des autres. Il est très efficace car il aime que les décisions soient prises en consensus et partageant des responsabilités. Grâce à son empathie et une écoute attentive, il identifie les forces et les faiblesses de ses partenaires ou coéquipiers pour bien distribuer les responsabilités dans lesquels ces derniers pourraient s'épanouir. Il préfère les perspectives à long terme. Il voit de la valeur dans l'intégration, la gentillesse et la diplomatie. Il recherche des relations apaisées et évite les conflits. Il ne cherche pas et n'apprécie pas l'agression mais valorise la coopération et les partenariats. Il est capable de se mettre « dans la peau des autres » avant de prendre des décisions. Le facilitateur aime construire un consensus même dans la diversité ou l'adversité. Son état d'esprit est celui de l'intégration, tout en déployant le tact et les moyens de langage « diplomatique ». Le Facilitateur préfère dire : « Dînons ce soir ensemble. Je peux venir vous chercher » par opposition à un Autoritaire qui serait capable de vous jeter à la figure : « Je dîne ce soir. Je peux vous inviter ». Un Contrôleur, peu sûr de lui, lancerait en votre présence dans une telle situation des bouteilles à la mer en disant : « Un dîner ce soir? Avez-vous déjà prévu autre chose pour ce soir ? »

Notre paradigme de la néo-gociation 4-10-10 repose sur la compréhension de la biologie du cerveau humain, ainsi que sur la formation des typologies des comportements et des mentalités. En ce concerne le Facilitateur, de plus en plus d'études montrent qu'un enfant élevé avec amour, soin et douceur est plus intelligent et flexible donc plus enclin à en devenir.

Nous sommes ravis de constater que de plus en plus d'écoles de commerce proposent dans leurs catalogues de cours « la diplomatie d'entreprise » mettant en exergue les vertus de l'animation de de la « facilitation ». A leur tour, les instituts de sciences politiques et les facultés en droit mettent en avant la « gouvernance collaborative » le « leadership intersectoriel » et la médiation, axée sur le rôle du facilitateur en tant que « développeur de solutions aux problèmes ».

Puisque les Facilitateurs ne jugent pas leurs pairs comme les Contrôleurs et ne les blâment pas comme les Autoritaires, ils démontrent une grande capacité à penser et agir en termes de responsabilité partagée. Les Facilitateurs pardonnent, révisent et remettent à jour régulièrement leurs convictions. Ce sont des médiateurs, des chercheurs et des auditeurs neutres et empathiques. Ils acceptent la diversité et tolèrent les divergences d'opinion. Ils sont plus sur le « comment » que sur le « pourquoi ».

Pendant ses études postdoctorales à Harvard, Yann a rencontré Arthur Levitt Jr., le plus ancien président du conseil d'administration de la *Securities and Exchange Commission*. Arthur Levitt Jr. et Warren Buffet ont prédit le risque lié à l'absence des mécanismes de contrôle, de paramètres et de normes de transparence pour gagner la confiance des investisseurs bien avant les scandales de Madoff et des *subprimes*. Arthur Levitt Jr. a confié à Yann lors d'une conversation privée que pour un Pdg au XXIème siècle, il est d'une valeur inestimable de posséder des compétences d'un « facilitateur » pour réussir à animer avec succès son entreprise. Dans les années 80 du siècle précédent, le PDG ou le dirigeant d'une organisation était généralement une personne avec une éducation financière car il y avait beaucoup de fusions et acquisitions et donc la réduction des coûts était à ce moment-là une priorité stratégique de la direction. Dans les années 90, le PDG était généralement un avocat parce qu'il fallait qu'il soit outillé à gérer des nombreux recours collectifs et avoir la capacité à influencer la législation clé à travers un lobbying efficace. A titre d'exemple, le PDG d'AOL à l'époque a déclaré que « d'avoir une influence sur la création du droit est plus important que la technologie ». L'Oréal au Brésil a reconnu que la vente de plus de 180 millions de flacons de shampooing par an générait certes des profits intéressants mais que l'Oréal gagnait vraiment de l'argent en influençant l'orientation des lois fiscales brésiliennes. Enfin, Arthur Levitt Jr. a prédit que le Pdg du XXIème siècle serait un diplomate, un facilitateur, qui saurait rassembler des personnes de divers secteurs, parfois acceptant à collaborer gracieusement. Aujourd'hui, nous ne pouvons que de constater qu'il avait bien raison. En effet, la gestion autoritaire est perçue aujourd'hui comme désuète et inefficace. Les Facilitateurs ont acquis un avantage concurrentiel sur les Autoritaires et les Contrôleurs et ceci même dans le contexte d'organisations historiquement hiérarchiques.

Nous avons interrogé plusieurs généraux et commandants des organisations militaires et de police au Brésil et aux États-Unis à propos de leur style de leadership. Ce qu'ils ont décrit nous a surpris parce que nous nous attendions beaucoup plus aux affirmations de gestion autoritaire au sommet de la pyramide organisationnelle. Ils nous ont parlé d'une organisation opérationnelle « aplatie » et horizontale avec de nombreuses techniques et facettes interdisciplinaires de management agile, innovant et efficace. Plus important encore, ils ont vu leur rôle évoluer vers celui des Facilitateurs avec des interconnexions avec le secteur public et à but non lucratif. Dans le contexte français, le Général Éric Bonnemaison dans son ouvrage intitulé « Toi, ce futur officier », insiste sur les valeurs d'humanité et de fraternité au sein des corps armés français. « Tout ce qui n'est pas donné est perdu », il veut « former des officiers intelligents et instruits, ouverts sur le monde, épanouis, dynamiques et enjoués, qui gardent l'homme au cœur de leurs préoccupations ».

Nous enseignons tous les trois la négociation et la gouvernance dans de différents contextes institutionnels et organisationnels : à l'université, en école de commerce, en entreprise et auprès des hauts fonctionnaires d'état et de l'appareil judiciaire. La notion de communauté et du maintien d'ordre est par exemple un important sujet de l'habilitation des Facilitateurs militaires pour qu'ils sachent engager positivement la communauté et s'assurer efficacement de sa sécurité sur les théâtres d'intervention. De même, les magistrats arbitraux ou les juges qui savent aujourd'hui adopter la posture et jouer le rôle de Facilitateur au début de tout litige concernant un différend entre une administration publique et ses administrés, favorisent davantage l'éventualité d'arriver à résoudre ce litige à l'amiable et ainsi économiser énormément de temps et de l'argent public, prélevé aux impôts auprès des contribuables.

Lors des recherches préalables à l'écriture de ce livre, nous avons rencontré plusieurs Facilitateurs exemplaires qui appréhendent la collaboration moderne en tant qu'un triangle entre les méritocraties d'experts et de technocrates publics, de représentants exécutifs du secteur privé, des élus et éventuellement des représentants des associations de citoyens. Lors de longues années passées au Brésil, Yann a été appelé à travailler avec le gouvernement de l'ancien président Lula pour faciliter les négociations sur les politiques de réforme fiscale, des retraites et du travail. Le président Lula avait sélectionné 60 conseillers au sein des ONG, des syndicats, des organisations privées, des universités et des ordres religieux. Cette volonté d'intégration participative des secteurs aussi variés a été une application des principes de la gouvernance moderne très intéressante. Les journaux brésiliens ont souvent affirmé que 70% des Brésiliens croyaient en Jésus et 80% croyaient en Lula. C'est une comparaison statistique certes hasardeuse mais intéressante, étant donné que la plupart des leaders mondiaux actuels sont mis au défi de la méfiance de la part de leurs électeurs avec des cotes de popularité souvent bien inférieures à 50%. Alors, que peuvent apprendre les autres dirigeants mondiaux du succès de Lula en matière de popularité? Rogerio Santa, PDG de Telebras et l'un des 60 conseillers choisis par le gouvernement de Lula, a observé que Lula n'arrêterait jamais le débat, se comportant en Facilitateur extraordinaire, « en un véritable Directeur général de son pays. » Lula en tant qu'ancien syndicaliste a compris la valeur de l'intelligence collective et l'importance de la collaboration et du travail d'équipe. Des Facilitateurs extraordinaires comme Lula voient la diversité comme une occasion confronter des solutions passées et actuelles à l'aune des problèmes émergents. Ils apprennent en faisant, en expérimentant et en partageant les ressources pour accélérer l'apprentissage collectif.

Aujourd'hui, il ne s'agit pas d'imposer ou d'ordonner un résultat par simple pouvoir ou par contrôle mais de créer une plate-forme pour pouvoir échanger des idées afin de stimuler l'intelligence collective. Notre paradigme de la néo-go-ciation préconise de bâtir un spectre large de collaboration entre les acteurs de tous les secteurs pour qu'ils puissent être plus efficaces et productifs individuel-lement mais surtout, pour qu'ils puissent mieux appréhender les problématiques dans d'autres segments d'activités qu'est le leur. La valeur de savoir parler plu-sieurs langues couramment est inestimable. De ne pas être limité par la barrière linguistique permet bien évidemment à un néo-gociateur polyglotte de s'immer-ger complètement dans plusieurs cultures et de s'y comporter en « local ». La proximité ainsi créée, fait de lui le meilleur agent de changement. Par exemple, personne n'est mieux placée que le maire et ses collègues dans la ville de Rolling Hills Estates en Californie pour connaître le pouls de cette région et commu-nauté semi-rurale où coexistent chevaux et paons et où vivent encore de vrais cow-boys. Frank enseigne dans le monde entier un sujet proche et cher à son cœur : la gouvernance locale et le leadership facilitateur. Il est le premier d'ad-mettre que, bien qu'il partage ses connaissances et son expérience avec une sin-cérité et intelligence interculturelle importante (Frank parle couramment cinq langues) qu'il a déjà été emmené à admettre qu'elles n'étaient pas adaptées à un environnement social spécifique, que ce soit dans une autre région des États-Unis ou dans un autre pays. En effet, nos enseignements ne peuvent pas être reproduits à la lettre n'importe où sur la Terre mais ils doivent être adaptés par un Facilitateur intégré dans son environnement pour « parler une langue appro-priée, utilisée et comprise dans sa communauté ». Le contexte et la culture locale sont indéniablement les aspects à observer et à respecter lors des négociations. James Salacuse a décrit dix façons de dont la culture impacte les négociations. On a tous déjà entendu le fameux dicton sur l'impérieux besoin de se comporter à Rome comme des Romains. Les recherches de Salacuse[6] décrivent dix facteurs de négociation et les comparent avec respect des impacts. Il constate qu'unique-ment une personne ayant les compétences culturelles profondes, de naissance ou acquise, peut faciliter efficacement une négociation, c'est-à-dire ne pas faire de « faux pas » proverbiaux, être perçu comme agressif ou au contraire trop passif, avoir un « langage corporel » inacceptable ou utiliser des mots pouvant

---

6   Salacuse, J. W. (2004). Negotiating: The top ten ways that culture can affect your negotiation. *Ivey Business Journal, 69*(1), 1-6.

avoir un impact dramatique sur le résultat des négociations. Notre conseil est de toujours trouver un « Romain » pour faciliter la négociation à Rome.

LE CERVEAU DIFFÉRENT DES NÉGOCIATRICES FACILITATRICES : UN MYTHE?

Les hommes viendraient de Mars... les femmes de Vénus. Les femmes seraient multitâches, artistes dotées d'un esprit littéraire, qui développeraient des compétences linguistiques, mais n'auraient malheureusement aucun sens de l'orientation. Les hommes en revanche, n'arriveraient à faire qu'une chose à la fois, mais s'orienteraient avec facilité dans l'espace et seraient particulièrement doués pour les mathématiques... Dans une étude de 2015[7], une équipe de psychologues et de neuroscientifiques internationale a étudié le cerveau de 1 400 personnes, les deux sexes confondus. Ils ont montré que tout le monde a des attitudes masculines et féminines à différents niveaux qui ne peuvent donc pas être attribuées à un seul sexe. Les femmes sont biologiquement plus enclines à adopter la posture de Facilitateur.

Dans une étude publiée par *Proceedings of National Academy of Sciences,* les chercheurs de l'école de médecine de l'Université de Pennsylvanie ont découvert que le cerveau des hommes est construit « en ligne droite telle qu'une autoroute ». Les voies neuropathiques des femmes bénéficient de plus de connectivité entre l'hémisphère gauche, qui est plus analytique, et la droite, qui est plus intuitive et permet de « lire » des situations sociales plus complexes. Bien que les hommes présentent un certain niveau de connectivité entre les deux hémisphères, elle est beaucoup moins développée. Ainsi, les hommes « attendent de voir pour faire » tandis que les femmes sont d'emblée plus intuitives et disposées à collaborer. Enfin, une étude similaire a révélé que si les hommes se concentrent mieux sur une tâche singulière, les femmes sont capables d'exécuter avec succès plusieurs tâches à la fois. Ce qui est certain et prouvé est qu'il existe bel été bien des différences dans le volume cérébral, la structure et les résultats à certains tests entrepris par les hommes et les femmes comme lors d'un exercice de rotation mentale. S'il existe des caractéristiques à prédominance masculine ou à

---

7   Sex beyond the genitalia: The human brain mosaic by Daphna Joel, Zohar Berman, Ido Tavor, Nadav Wexler, Olga Gaber, Yaniv Stein, Nisan Shefi, Jared Pool, Sebastian Urchs, Daniel S. Margulies, Franziskus Liem, Jürgen Hänggi, Lutz Jäncke, Yaniv Assaf Proceedings of the National Academy of Sciences Dec 2015, 112 (50) 15468-15473; DOI: 10.1073/pnas.1509654112

prédominance féminine dans le comportement, les attitudes et la personnalité, le cerveau de chaque individu se révèle être une mosaïque de caractéristiques.

Matsa et Miller[8] ont démontré que la rentabilité d'une entreprise gérée par une femme est susceptible d'augmenter avec le nombre croissant de femmes au sein de son conseil d'administration. Des milliers d'entreprises familiales ont constaté que la présence de femmes améliorait le niveau de la coopération au sein de ses équipes et contribuait à améliorer ses résultats économiques. Au niveau organisationnel, les entreprises avec une culture de facilitation et d'empathie a une plus importante propension à avoir du succès commercial.

L'ENTREPRENEUR

L'entrepreneur aime de prendre les risques et n'hésite pas à jouer sa chance pour gagner un jackpot à la roulette. Il cherche à être le premier en tout puisqu'ainsi il se crée le maximum d'opportunités de réussir. Comme un capital-risqueur de la Silicon Valley, c'est un optimiste qui se concentre sur les chances d'un grand gain plutôt que celles d'une grande perte. Il est animé par la passion, par « le rêve » et par le défi de créer quelque chose de nouveau. Il a l'appétence pour le conflit car il considère que la négociation commence avec un désaccord exprimé qui peut s'avérer constructif pour créer de la valeur ajoutée. Il est assertif, empathique et agile.

Richard Branson dans son livre *Acredite em você e vai em frente* (Croire en vous-même et avancer) publié au Brésil, a déclaré que lorsqu'il embauche des nouvelles personnes, il cherche toujours quelqu'un qui va transpirer pour l'entreprise en cherchant à remplir le rêve et qui va aimer passionnément ce qu'il fait, en ayant les étincelles dans les yeux. L'entrepreneur est dynamique, motivé, avec un enthousiasme contagieux.

Il n'est pas surprenant que l'enthousiasme en grec signifie « un état d'exaltation de l'esprit, d'ébranlement profond de la sensibilité de celui qui se trouve possédé par la Divinité dont il reçoit l'inspiration, le don de prophétie ou de divination ». L'Entrepreneur veut enfreindre les règles, vivre comme un révolutionnaire. Il veut être le premier à lire, le premier à avoir, le premier à enseigner. Il veut être l'éclaireur, le pionnier, un leader de l'industrie ou tout

---

8   Matsa, David A., and Amalia R. Miller. *2013. "A Female Style in Corporate Leadership? Evidence from Quotas." American Economic Journal: Applied Economics, 5 (3): 136-69.*

simplement un créateur. L'Entrepreneur est un négociateur moderne cherchant toujours d'avoir à sa disposition la meilleure et la plus récente des technologies disponibles. Il est le champion du plus récent et du « pionnier ». La tournée mondiale de Richard Branson en ballon illustre bien cette envie. Son rêve d'être le premier à proposer à ses clients la possibilité de devenir des touristes suborbitaux est assez instructif sur l'état d'esprit de l'Entrepreneur. Certes, Branson connaît le risque financier associé à ce projet jugé par certains comme fou, mais son enchantement par le concept, le défi et la passion de l'aventure humaine que ce projet représente, priment. Le plaisir de réaliser ce rêve nourrit son enthousiasme, sa motivation et sa créativité.

Gabrielle Coco Chanel est un exemple parfait de négociatrice-entrepreneuse enthousiaste. Sa petite entreprise Chanel de chapellerie fondée en 1910 est devenue sous sa direction un conglomérat de produits de luxe. Le parfum qu'elle a créé en 1921, Chanel No.5, reste l'un des parfums les plus vendus au monde. Pionnière à plusieurs égards, Coco a créé ce parfum en collaboration avec le parfumeur Ernest Beaux. No.5 est très riche puisqu'il est saturé en aldéhydes et composé de plus de 80 ingrédients. Chanel espérait qu'il serait ainsi plus difficile à copier. Chanel en tant qu'entreprise a été bâtie sur la capacité de sa fondatrice de repérer les opportunités de marché et à aligner la mode et les parfums avec les nouvelles tendances de style. En 2016, la Maison Chanel a souhaité d'ailleurs célébrer l'esprit de « Mademoiselle » en introduisant sur le marché le parfum Gabrielle en honneur au prénom de sa fondatrice éponyme, avant d'être mondialement connue sous le nom de Coco. Selon la marque, « il s'agit d'une référence à la jeunesse de l'entreprise, lorsqu'un entrepreneur inexpérimenté et disposé à prendre des risques a fixé un cap qui devrait inciter les femmes d'affaires modernes à faire de même ». En exploitant les opportunités issues du changement économique, social et technologique de son époque, en gérant les risques et en utilisant les réseaux sociaux et financiers, Chanel a défié les conventions de la mode et de la beauté en négociatrice de plus en plus aguerrie.

Des années après avoir créé une filiale de Elite Modeling Agency au Brésil, Ricardo Bellino, un entrepreneur autodidacte, a souhaité de transférer au Brésil le concept des complexes de golf de luxe. Pour cela, il s'est adressé à Donald Trump (à l'époque uniquement riche entrepreneur et pas président des Etats-Unis) pour pouvoir obtenir une licence des complexes de golf conçus pour Trump par Jack Nicklaus. Se basant sur l'esprit entrepreneurial de Trump, Bellino a su lui donner envie d'être le premier à saisir l'opportunité d'investir dans les golfs de luxe au Brésil. Autrement dit, Bellino a su parler le langage de Trump en lui faisant comprendre que la deuxième plus grande flotte d'hélicoptères et de jets privés au monde se trouvait au Brésil. Il a aussi dit à Trump que Rua Oscar Freire à Sao Paulo était la huitième rue la plus luxueuse au monde et la deuxième sur le continent américain, tout de suite après la 5ème avenue de New York. Il a également souligné que le Brésil était (à l'époque) la plus grande économie en Amérique latine avec une parité de pouvoir d'achat de 1,04 billion de dollars et un taux de croissance réelle de 3% par an. Bellino avait réussi à motiver Trump pour faire installer sa marque de golfs de luxe au Brésil. Fait intéressant, Bellino alors a changé de rôle d'Entrepreneur en Facilitateur, qui à ce moment-là a été plus approprié pour pouvoir négocier la réalisation de ce projet entre les investisseurs brésiliens et Donald Trump. Nous nous permettons de souligner que ce « changement de casquette » à mi-chemin dans une négociation n'est pas inhabituelle dans le contexte d'administration publique. Une fois que le concept est adopté et compris en termes de développement économique/social/culturel, les Entrepreneurs deviennent des Facilitateurs pour mettre en œuvre ce projet développement. Les Entrepreneurs savent créer l'optimisme et l'enthousiasme nécessaires pour amener le changement, et en tant que Facilitateurs, ils savent ensuite mettre tout en œuvre pour qu'un projet soit « adopté et intégré » par les citoyens.

LE VISIONNAIRE

Le visionnaire pense au temps, à l'héritage, à la manière dont on se souviendra de lui. Est-il un symbole de générosité, d'intégrité, de justice ou d'élégance morale? En général, il est prêt à se sacrifier pour une cause plus grande et pour les générations futures. Il pense à long terme. Il pense à la paix, au progrès et à la prospérité de sa communauté. Son héritage ultime est ce qui le pousse à agir. Le visionnaire ne s'intéresse pas aux relations de courte durée mais aux relations durables, à long terme. Il ne cherche pas une satisfaction immédiate. C'est un planificateur social; il cherche à résoudre les défis auxquels fait face la société. Il ne craint pas l'adversité parce qu'il est toujours en quête d'une solution. Le Visionnaire est un excellent assistant social, un infirmier, un mathématicien, un historien, potentiellement un maire, un gouverneur ou un président. Mais ça peut aussi être un extrémiste dangereux.

Le Visionnaire est encore plus disposé à prendre des risques que l'Entrepreneur; il est même préparé à prendre des décisions extrêmes s'il est convaincu de leur utilité. C'est un idéaliste qui peut faire beaucoup de bien pour la société ou au contraire lui être dangereux puisqu'il peut l'entraîner dans spirale destructrice. Les fins peuvent justifier n'importe quel moyen pour le Visionnaire. La question qu'importe en négociation aux Autoritaires est « Quand », pour les Contrôleurs c'est « Quoi », pour les Facilitateurs c'est « Comment », pour les Entrepreneurs c'est « Pourquoi » et pour les Visionnaires c'est « Pour quel impact à long terme de mon action ». Le lien avec certains traits décrits dans la littérature sur le leadership est assez remarquable. Nous parlerons du leadership, de l'importance de la mission, de la vision et des objectifs dans le chapitre 9.

Lors des séries récentes de séminaires de formation destinés aux juges brésiliens, Yann a posé à ces derniers la question suivante: « si un extraterrestre devait atterrir en paix sur Terre et il demandait à rencontrer cinq personnalités représentant l'humanité, qui devrait-il rencontrer? Les noms de Nelson Mandela, de Martin Luther King, de Mahatma Gandhi et de la Mère Teresa ont été cités le plus souvent. Naturellement, aucun milliardaire, athlète ou vedette de show business n'a été mentionné. Les personnalités choisies par les juges brésiliens étaient pour la plupart des gens qui ont fait un sacrifice personnel disproportionné pour changer le monde avec une vision très forte de l'avenir souhaitable. Quoi de plus étonnant, Yann a ensuite posé la même question à plus de 20 000 professionnels lors de ses formations en Chine, en Inde, en France, en Colombie, aux États-Unis, au Portugal et au Nigéria; à quelques exceptions près, les mêmes quatre noms ont été toujours cités très fréquemment. C'est probablement parce que nous, les êtres humains ordinaires, sommes conditionnés à aimer les Visionnaires. Nous sommes attirés par leur état d'esprit capable d'inventer une façon de penser et de nous faire accepter de « penser différemment » et conformément à ce qu'ils pensent être la nouvelle norme à adopter.

Dans son livre « Négocier avec le diable, quand se battre et quand à négocier », Robert Mnookin observe que les personnes qui résistent aux dictateurs ou aux régimes dictatoriaux et choisissent de ne pas faire de concessions, ont généralement un plus grand sens du devoir. Quand la norme sur le Sous-continent indien était le régime colonialiste, Mahatma Gandhi envisagea un changement de cette norme. Nelson Mandela a choisi de rester 27 ans en prison plutôt que de trouver un arrangement facile avec le régime dictatorial de l'apartheid. En tant que visionnaire modèle, il a accepté de faire ce sacrifice personnel avec la vision de forcer la société divisée entre les blancs et les noirs à se transformer en une société arc-en-ciel.

Le Visionnaire pense en termes de normes morales futures ... pas en ceux des normes sociales existantes. Il a un impératif catégorique qui le rend résistant aux tentations de céder aux sirènes des solutions faciles. Il prie, il s'isole. Il est prêt à renoncer au plaisir immédiat, ce qui le rend si difficile à corrompre. La fidélité à ses idéaux et l'intégrité morale sont ces moteurs. L'élégance morale et l'éthique guident ses actions parce que c'est son but et ses valeurs. Nous reparlerons de ces mêmes Visionnaires dans notre chapitre sur le leadership.

Le succès d'Apple est dû à la même notion de « penser différemment ». Les images de Mahatma Gandhi, de Martin Luther King et de Pablo Picasso ont été utilisées dans les publicités d'Apple car le Visionnaire Steve Jobs voulait devenir synonyme de la culture pour tous. Nous avons déjà expliqué que la question que se posent les Visionnaires est celle de « Pour quel impact à long terme de mon action ». Cette question leur permet de donner un sens à leur but, au rêve, au style de vie et les sacrifices. C'est justement là où le cerveau limbique opère. Le cerveau limbique est basé sur l'implicite, l'imagination, la perception holistique et la pleine conscience. Francisco Varela[9] a appelé cela « l'esprit incarné ». Si le but d'une action en politique publique est de changer le paradigme, il faut savoir faire vibrer cet esprit incarné de manière collective pour générer un mouvement. Les politiques s'en servent dans leurs slogans de campagnes électorales; ils les façonnent en se posant d'abord la question « « Pour quel impact à long terme de mon action » et le « Pourquoi » pour créer un nouveau contexte, la culture et l'atmosphère propice à leurs idées. Alors que chez Apple ont perpétue la culture visionnaire de son fondateur en commençant toujours par le rêve, le contexte, le long terme, et la « culture pour tous », le « Comment » et le « Quoi » interviennent seulement en deuxième temps. D'abord, il faut créer une onde de choc dans le cerveau limbique, pour pouvoir la faire progresser par ondes successives dans le néocortex. La compétence la plus précieuse du leader visionnaire est précisément le flair, l'intuition, l'imagination et sa capacité à initier/influer un changement profond de la culture et du contexte du moment pour façonner le « Pourquoi ». De nombreuses campagnes électorales ont été gagnées justement grâce au « Pourquoi » qui a su « résonner » avant de faire « raisonner ».

Dans le contexte des campagnes politiques, nous nous souvenons tous du « Pourquoi » « C'est économiquement stupide » dans le slogan de Bill Clinton, « L'espoir et le changement » dans celui de de Barack Obama, « Ensemble la France » dans celui d'Emanuel Macron et « Rendre Amérique de nouveau Grande » dans celui de Donald Trump ou, un brin narcissique, « «Un président fort pour un pays fort » de Vladimir Poutine.

---

9   Varela, F. (1998). LE CERVEAU N'EST PAS UN ORDINATEUR. La Recherche, (308), 109-112.

CHAPITRE 4

Néo-gociation 4-10-10 en tant que processus

« Soyez un critère de qualité. Certaines personnes ne sont pas habituées à un environnement dans lequel l'excellence est attendue. »

Steve Jobs

Notre technique de la néo-gociation 4-10-10 est composée de quatre étapes, à savoir la préparation, la création de valeur, la distribution et la mise en œuvre de la valeur. Notre analyse de milliers de négociations montre également qu'il existe dix éléments simples, mais très pertinents, directement liés à ces quatre étapes. Ces éléments incluent le contexte, les intérêts, les options, le pouvoir, la communication, les relations, la concession, la conformité, les critères et le temps.

Par conséquent, afin de créer un langage commun, nous présenterons ci-dessous en détail chacune de nos quatre étapes et l'application de chacun des dix éléments. Pour garantir le succès de la mise en œuvre dans chaque négociation, nous proposons dix critères de référence pour la mise en œuvre et l'évaluation de notre paradigme de nouvelle négociation pour une utilisation future. Nous appelons ce processus la technique 4-10-10. Ce modèle logique concerne toutes les négociations professionnelles. Son utilisation méthodique permet d'améliorer la productivité, la probabilité et la valeur dans ces négociations. Elle peut également être très utile pour faciliter une discussion franche dans laquelle notre méthode peut catalyser les idées et enclencher le processus « productif » de prise de décision collective. Jack Welch appelait cela « une franchise amicale ». De cette franchise ont fait les frais certains collaborateurs de General Electric car jugés inefficaces, par exemple lors de leurs entretiens annuels. Mais, Jack Welch expliquait, « dès l'évaluation suivante, les progrès étaient tangibles. Nous avions une équipe de meilleure qualité ».

Avant de décortiquer notre technique de la néo-gociation 4-10-10, il est important de vous donner quelques bases préliminaires sur son processus. Premièrement, il est essentiel de connaître avec précision les profils de chaque participant à la négociation. Par exemple, est-ce qu'il s'agit d'un élu ou d'une personne nommée à des fonctions politiques? Le personnel est-il représenté dans le groupe? Les avocats sont-ils présents? Les consultants facilitent-ils les échanges? Toutes les parties prenantes dotées d'autorité ou de légitimité sont-elles présentes? Après cette étape préliminaire d'identification des participants, la reconnaissance des types de négociateurs permet à un néo-gociateur qualifié d'établir la stratégie avant d'approcher de la table de négociation. Une bonne négociation est celle qui se trouve dans un cadre « juste ». La clé ici est d'éviter les conflits entre différents types de négociateurs (Autoritaire, Contrôleur, Facilitateur, Entrepreneur ou Visionnaire).

L'étape suivante consiste à établir une relation entre les participants afin d'explorer les approches permettant de transformer les croyances, les perceptions, les émotions et les visions. Il s'agit d'un processus pédagogique de prise de décision conjointe qui repose sur diverses aptitudes à la vie quotidienne telles que l'écoute empathique, la communication, l'éthique, la passion, la conciliation des intérêts et la construction enthousiaste de la vision. Se précipiter pour négocier peut avoir de graves conséquences à long terme, désastreuses par rapport à l'importance de constituer une relation basée sur le respect mutuel et la confiance.

Enfin, une bonne capacité de prise de décision est essentielle pour pouvoir mettre en œuvre le processus de négociation. Afin de couvrir l'analyse de décision en tant que méthode permettant de déterminer la meilleure décision, même en cas de conflit ou d'incertitude, nous avons demandé à l'un de nos collègues de contribuer au chapitre suivant sur « Les six éléments d'une décision de qualité ». Le professeur Abbas est un expert en analyse décisionnelle. Il étudie la décision en tant que sujet de réflexion et complexe dans des environnements individuels et organisationnels. Vous noterez l'importance et la forte corrélation de chaque élément pour la bonne prise de décision dans notre processus de la néo-gociation 4-10-10.

CHAPITRE 5

LES SIX ÉLÉMENTS DE LA QUALITÉ DE LA DÉCISION

PAR ALI ABBAS, PH.D.

« Chaque fois que vous voyez une entreprise qui réussit, dites-vous que c'est parce qu'un jour quelqu'un a pris une décision courageuse. »

Peter Drucker

L'analyse de décision est une méthode rigoureuse permettant de déterminer la meilleure alternative de décision, même en cas d'incertitude quant au résultat. Les règles de prise de décision s'appliquent à un seul décideur, mais de nombreuses décisions importantes doivent être analysées au niveau organisationnel. Ce chapitre explique les éléments de base d'une décision, ainsi que des réflexions sur les effets de la complexité organisationnelle et des structures d'incitation sur l'environnement décisionnel.

LES SIX ÉLÉMENTS D'UNE DÉCISION

Si vous demandez aux salariés d'une entreprise listée dans Fortune 500 d'évaluer les qualités des personnes avec lesquelles ils travaillent, ils diront probablement qu'elles sont intelligentes et hautement qualifiées. Si vous leur demandez ensuite d'évaluer la qualité des décisions prises par ces mêmes personnes, ils répondront qu'elles sont médiocres. D'où vient cet écart?

Pour commencer, il est important de noter que beaucoup de ces personnes n'ont pas suivi de cours sur la prise de décision et que beaucoup ne savent peut-être même pas que cette matière est enseignée et peut donc être apprise. Les dirigeants d'organisations acquièrent souvent des compétences décisionnelles dans leur domaine au cours de nombreuses années de pratique dans un domaine particulier, puis ils s'appuient sur l'intuition pour prendre des décisions. L'idée étant que l'expertise qu'ils ont acquiert (et le capital qu'ils ont construit) est suffisante pour leur fournir les compétences dont ils ont besoin pour prendre une bonne décision. Comme on le sait, l'intuition ne suffit pas toujours pour prendre une décision, en particulier en cas d'incertitude.

Les six éléments de la qualité de la décision[10] fournissent un mécanisme pour nous aider à réfléchir aux divers aspects d'une décision. Ils peuvent être utilisés comme une liste de contrôle et sont souvent représentés par une chaîne.

Le premier élément de cette chaîne est le décideur et les parties prenantes concernées par le contenu de décision. Ne pas prendre en compte toutes les personnes concernées par la décision peut entraîner plusieurs différends une fois la décision prise. Nous insistons sur l'importance du choix des parties prenantes appropriées pour notre cadre collaboratif. Pensez à une décision impliquant le maintien ou l'élimination d'une raffinerie de pétrole dangereuse au milieu d'une ville. La raffinerie est là depuis des générations, mais la ville s'est agrandie et les maisons se trouvent à proximité. La décision ne doit pas venir uniquement du gouvernement local mais doit inclure les habitants situés à proximité de la raffinerie, l'emploi des personnes affectées par la suppression de la raffinerie, les personnes affectées par un éventuel changement de processus pétrolier et bien d'autres. Assez souvent dans la prise de décision organisationnelle (ou gouvernementale), il est utile de faire une pause et de se demander qui est le décideur. Les gens ont la tendance à oublier de se poser cette question fondamentale. Si nous omettons un groupe de parties prenantes, nous ne devons pas être surpris plus tard si nous trouvons de la résistance à la décision prise. Lorsqu'il s'agit de négociations, il est presque impossible de trouver un cadre approprié pour négocier lorsqu'un ensemble de parties prenantes a été omis. Le premier élément implique également un engagement du ou des décideurs à donner suite. Après tout, si nous n'avons pas l'intention de donner suite, pourquoi analyser la décision en premier lieu?

Le deuxième élément de la chaîne de décision est son cadre qui consiste à identifier les différentes perspectives de la décision et à déterminer les limites de ces perspectives. Cela implique d'identifier « qu'est-ce qu'on doit considérer comme des faits? », « qu'est-ce qui doit être décidé maintenant?» et « qu'est-ce qui peut être décidé plus tard? ». Ne pas identifier le bon cadre est courant. Cela peut conduire à la prise de mauvaises décisions et à l'échec des négociations. Irena, Yann et Frank discutent du « cadre » en termes de concurrence ou de collaboration tout au long de ce livre. Prenons l'exemple d'une décision en

---

10 Abbas, A. E., & Howard, R. A. (2015). *Foundations of decision analysis.* Pearson Higher Ed.

plusieurs étapes concernant une personne qui envisage de quitter son travail et de reprendre les études dans une école doctorale. Etant admise dans plusieurs, elle doit en choisir une. Cette décision peut inclure de nombreux facteurs tels que l'emplacement, la réputation de l'école, les frais de scolarité, les taux de placement après l'obtention du diplôme et la qualité de l'enseignement. Ce sont des facteurs qui peuvent l'aider avec la décision actuelle en répondant à la question: « que dois-je décider maintenant? » Ensuite, il y a des décisions à prendre plus tard. Par exemple, où vais-je vivre quand je vais reprendre mes études? Vais-je faire du vélo, prendre les transports en commun ou acheter une voiture? Dans les contextes organisationnels, les décisions sont souvent définies par leurs limites de faisabilité. Par exemple, un chef de projet peut être amené à décider s'il doit apporter des améliorations mineures à un produit existant ou s'il doit le modifier en profondeur. Cette décision tient déjà pour acquis que la société continuera à fabriquer ce produit. Un bon cadre défierait les limites pour s'assurer qu'elles sont correctement définies ou mises à jour lorsque de nouvelles informations arrivent.

Le troisième élément de la qualité de la prise de décision est l'identification correcte des alternatives possibles. Si vous n'avez qu'une seule alternative, alors vous devrez simplement faire ce que cette alternative exige. Assez souvent cependant, il y a beaucoup plus d'alternatives présentes. L'alternative issue de l'analyse est très souvent l'une des alternatives considérées (ou un hybride d'alternatives envisagées). Si vous n'avez pas sélectionné un ensemble approprié d'alternatives à analyser, vous perdez la valeur dès le début du processus décisionnel, quelle que soit l'analyse qui va en découler.

Le quatrième élément de la qualité de la chaîne de décision consiste à identifier les préférences du décideur. Cela implique d'identifier les intérêts, les valeurs et les compromis entre les différents objectifs.

Le cinquième élément est un élément auquel beaucoup d'entreprises consacrent beaucoup de temps et d'argent: il s'agit des informations et des incertitudes entourant la décision. L'analyse de décision fournit une méthode pour quantifier les informations et déterminer la faisabilité économique et l'opportunité de collecte d'informations supplémentaires. De nombreuses organisations cherchent à minimiser toute incertitude, mais, en réalité, de collecter trop d'informations peut s'avérer socialement ou politiquement néfaste et/ou économiquement contreproductif dans le cadre des négociations menées par les administrateurs publics dans le rôle de Facilitateur.

Enfin, le sixième élément de la qualité de la décision, souvent sous-estimé dans les organisations, est la logique du choix des critères selon lesquels la décision devrait être prise. Les normes de la prise de décision rationnelle impliquent que l'alternative choisie est celle ayant la plus grande utilité attendue, selon la théorie de l'utilité espérée, de l'anglais *expected utility*, développée par John von Neumann et Oskar Morgenstern[11].

OPPORTUNITÉS ET DÉFIS POUR LA PRISE DE DÉCISION DANS LES ORGANISATIONS

La mise en œuvre de l'analyse de décision dans une organisation nécessite un changement de culture qui récompense les individus en fonction de la qualité de la décision plutôt que du résultat. La prise de décision dans les organisations implique de multiples personnes ayant des croyances, des objectifs, des incitations et des préférences différentes. Il est très important d'incorporer les éléments émanant des sources diverses. Les ressources humaines, par exemple, pourraient être mieux placées pour prévoir les salaires des futurs employés, le département marketing pour prévoir la demande du marché, tandis que le département d'ingénierie pourrait être plus apte à prévoir le succès technique.

Supposons qu'un responsable soit confronté à la prise de décision entre la mise à niveau mineure d'un produit existant et le développement d'un projet de développement d'un nouveau produit nécessitant la mise à niveau majeure. Le projet de « mise à niveau majeure » pourrait avoir une valeur attendue supérieure, mais également une probabilité de perte supérieure. Un responsable craignant les pertes peut être tenté de choisir l'option « plus sûre » de « mise à niveau mineure », même si elle offre moins de valeur pour l'organisation à long terme. Parfois, les différents départements dans une entreprise peuvent avoir des motivations et des objectifs différents. Un département d'ingénierie, par exemple, peut souhaiter avoir moins de rappels de produits et donc peut viser à retarder l'introduction d'un produit nouveau sur le marché. En revanche, un département marketing peut souhaiter gagner des parts de marché et peut donc pousser à introduire rapidement un produit nouveau afin de gagner des parts de marché. L'équilibre entre ces objectifs contradictoires est réalisé en identifiant

---

11 Oskar Morgenstern et John Von Neumann, *Theory of Games and Economic Behavior*, PUP, 1944, 1ʳᵉ éd.

les objectifs de niveau supérieur de l'organisation et en quantifiant les incertitudes qui sont liées aux alternatives de « mise à niveau mineure » versus « mise à niveau majeure ». Par exemple, si l'objectif est de maximiser le profit, l'organisation doit déterminer l'utilité attendue de la maximisation du profit pour chaque alternative.

La prise de décision organisationnelle est souvent compliquée à cause de la présence de divers types de biais résultant de biais cognitifs ou des biais motivationnels. Les biais cognitifs résultent de biais psychologiques par nature humains. Par exemple, l'ancrage est un de ces biais cognitifs dans lequel les individus doivent donner plus de poids aux éléments qui sont dans la mémoire saillante. Les biais motivationnels (comme leur nom l'indique) résultent de motivations différentes telles que préférences et structures d'incitation. Un bon analyste en décision observera la présence de biais à la fois cognitifs et motivationnels et facilitera la prise en compte des préférences des parties prenantes. De nombreuses techniques de codage des probabilités prennent en compte les biais cognitifs et tentent de minimiser leurs effets lors de la génération des convictions.

Ne pas utiliser la logique correcte est également très courant dans la prise de décision organisationnelle. De nombreuses entreprises réfléchissent aux éléments de la qualité de la décision et consacrent beaucoup de temps et d'efforts à la collecte de données. La qualité d'une décision ne repose pas sur leur quantité mais sur la qualité de leur analyse et celle de la réflexion inhérente.

La plupart des méthodes de décision arbitraires sont motivées par trois facteurs :

1) La simplicité

2) L'aversion pour utiliser la probabilité pour décrire l'incertitude ; et

3) La réticence à assigner des préférences explicites et des compromis
    dans les problèmes de décision.

La simplicité n'est pas une excuse pour utiliser un critère de décision erroné. Ne pas intégrer l'incertitude peut entraîner une mauvaise décision. La réticence à affirmer des préférences puis à utiliser un critère de choix arbitraire entraîne non seulement une prise de décision médiocre, mais également des préférences et des compromis absurdes. Le rôle de l'analyste sert à intégrer de manière significative les éléments de la qualité de la décision et à observer les complexités organisationnelles à résoudre pour créer une culture de décision d'entreprise saine.

Il est utile de considérer la prise de décision comme un processus de calcul sur une calculatrice. La calculatrice utilise la logique qui détermine la meilleure décision en fonction des entrées que vous allez lui fournir. Mais en fin de compte, c'est bien vous qui allez prendre la décision et non la machine, malgré la quantité des données que vous lui avez confié pour effectuer le calcul.

CHAPITRE 6

La technique 4-10-10 de la nouvelle négociation

« Si j'avais huit heures pour abattre un arbre, j'en passerais six à affûter ma hache ».

Abraham Lincoln

Vous connaissez certainement l'adage de la Légion étrangère « Entraînement difficile, guerre facile ». Les négociations sont gagnées ou perdues avant toute rencontre grâce ou faute d'une préparation de qualité. Une bonne préparation comprend une analyse minutieuse des parties prenantes et une bonne prise de décision. Une analyse des parties prenantes nous aide à comprendre le comportement, les intentions, les interrelations et les intérêts des parties prenantes dans une négociation. Cette analyse nous aide également à évaluer l'influence et les ressources des parties prenantes qui pourraient être mises en œuvre dans la prise de décision.

Un bon nombre de négociations ou de projets échouent ou ne sont pas optimisées parce que les négociateurs ne recherchent pas assez activement les informations ou identifient/relie mal les intérêts des parties prenantes évidentes/cachées. Pour illustrer ces propos, nous vous proposons une expérience vraie, vécue par Irena dans les années 90 à Prague lorsqu'elle travaillait à la Fondation Olga Havel. Pour ceux qui ne s'en souviennent plus, Olga Havel a été la première épouse de Vaclav Havel, Président tchécoslovaque démocratiquement élu en 1989. La Fondation avait pour mission « d'aider les personnes qui, en raison de leur mauvaise santé ou de leur statut social, avaient du mal à s'intégrer dans la société ou ne pouvaient pas prendre soin d'elles-mêmes sans l'aide d'autrui. ». Fin 1994, Irena en tant que Directrice de la section internationale de la Fondation, a reçu l'offre de produits de soin corporel de la part de Johnson & Johnson (J&J), valant environ 10 000 Couronnes tchèques. Ces produits devaient être utilisés dans les institutions pour jeunes avec déficience mentale. Irena devait certifier à Olga que J&J n'avait pas d'activités contraires à l'éthique de la Fondation, ce qui aurait pu endommager la réputation de la Fondation, de sa Présidente et par ricochet aussi celle de son époux. A l'époque, il n'était pas aussi aisé de rechercher les informations qu'aujourd'hui. Rappelons que ARPANET n'a été démilitarisé et le « World Wide Web » civil, tel que nous l'utilisons au quotidien, n'a été créé qu'en 1990. Cela étant dit, Irena a pu valider la proposition de J&J assez aisément sur la base des Rapports annuels que les représentants de la firme ont mis à sa disposition. Mais tout en mettant sa signature sur le certificat, elle s'est soudain rappelée de la délégation des médecins tchèques qui ont sollicité Olga pour obtenir son soutien peu de temps auparavant. Leur problème a été le suivant : ils étaient tous des sommités dans leurs spécialisations médicales et ils se sont vu proposer des séjours d'observations dans les excellents hôpitaux universitaires dans les pays occidentaux. Vous diriez: « parfait, que vouloir de plus? » Eh bien, ces médecins souhaitaient pouvoir ausculter et même opérer les patients avec les méthodes occidentales, à la pointe des technologies et du savoir. Or, les hôpitaux le refusaient pour la simple et bonne raison que si quelque chose se passait mal, surtout pendant les opérations, les médecins tchèques en « stage » n'auraient pas été couvert par l'assurance et les coûts juridiques de traitement des plaintes auraient pu devenir rapidement astronomiques. Irena a repris le dossier de Johnson & Johnson et quelle bonne surprise: certes, la marque commercialisait des produits de soins et de beauté en marché B2C mais aussi des machines complexes en soins médicaux en B2B. Vérification faite, Irena a découvert que la majorité des hôpitaux qui proposaient des stages aux médecins tchèques avaient des contrats de leasing de longue durée avec J&J sur des machines de diagnostic médical que J&J avait racheté à Kodak. Irena a donc suggéré à Olga Havel de poliment remercier le représentant de J&J pour l'Europe centrale et orientale pour l'offre initiale des savonnettes et des shampooings. Et qu'elle lui suggère une collaboration qui « ne coûterait rien à la marque » car Irena savait que J&J couvrait déjà en coûts généraux les salaires des juristes et les montants des assurances annuelles. J&J a accepté. Ainsi, une centaine de médecins tchèques ont pu bénéficier du dispositif, apprendre en pratiquant et revenir disséminer le savoir-faire nouvellement acquis en République tchèque. Olga Havel a accepté d'assister à la Convention annuelle de J&J pour remercier l'entreprise pour le soutien immatériel réalisé. Ceci a parfaitement satisfait la marque à la recherche d'une légitimité sur des nouveaux marchés géographiques… et le coût estimé de « gains » ou, si vous préférez, des économies réalisées? Environ 1 million de Couronnes tchèques, c'est-à-dire une valeur 100 fois plus grande que celle de l'offre initiale de J&J. Si Irena ne s'était pas donnée la peine de chercher les informations et de réfléchir aux intérêts des parties prenantes qui, de prime à bord, n'étaient pas liées, elle aurait « laissé sur la table de négociation » la bagatelle de 990 000 Couronnes tchèques…

Une bonne préparation grâce à l'écoute et à la collecte de données pertinentes retarde le moment d'ancrage des éléments critiques dans la négociation. La plupart des négociateurs étant insuffisamment préparés, se voient forcés d'accepter des conditions et des éléments défavorables, proposés par leurs partenaires en négociation qui eux, se sont mieux préparés. Souvent il s'agit du prix du projet ou du contrat. Une fois que le prix est exposé et argumenté par l'adversaire, la zone des accords possibles est « ancrée » à l'avantage de ce dernier. Nous en reparlerons plus tard lorsque nous traiterons la troisième étape de notre processus 4-10-10. Mais à ce stade, il faut retenir que d'ignorer les étapes 1 et 2 peut être fatal à toute négociation. C'est la condition *sine qua non* pour optimiser la valeur et maximiser l'étendu du champ couvert par une négociation. L'ancrage prématuré de la zone des accords possibles se produit lorsque les négociateurs omettent les premières deux étapes essentielles de notre technique de néo-gociation 4-10-10, à savoir la préparation et la création de valeur.

La création de valeur est la définition du « pourquoi » en identifiant les intérêts, les options et des alternatives aux options. C'est le moment où un négociateur se doit être créatif, et innovant. Pas étonnant que les Entrepreneurs et les Visionnaires affectionnent tout particulièrement cette étape. Plus le négociateur est créatif et plus nombreuses sont les options créées, d'autant plus nombreuses sont les possibilités et la probabilité d'un accord plus grande. C'est là que l'écoute empathique et la capacité de relier les informations entre elles sont importantes. Plus vous explorerez le « et si », plus de solutions aux problèmes s'ouvriront devant vous. L'étape de création de valeur consiste précisément à aborder les problèmes et à inventer des options, puis des alternatives pour résoudre des problèmes. Dans un contexte organisationnel, il s'agit des options pour améliorer la productivité, la qualité d'un produit, le climat organisationnel ou la culture. C'est l'étape pour créer la confiance en faisant du brainstorming, en enquêtant et en écoutant attentivement les réponses aux questions posées. C'est le moment de construire un rêve commun ou une opportunité. Pour créer de la valeur, il faut d'abord un « oui » intuitif ; une adhésion à l'idée de coconstruire un accord qui émane de ce rêve ou de cette opportunité, qui résulte de l'action du cerveau limbique. H. Raiffa, dans son livre « L'art et la science de la négociation », insiste sur l'importance d'établir la confiance, des objectifs communs et la volonté commune d'attendre un accord. Il considère qu'il est important d'établir dans la première phase d'une négociation un lien et une cohérence entre ce que « ressent » le cerveau limbique et ce que « réfléchit » le néo-cortex.

La phase de création de valeur qui présente la deuxième étape de notre méthode de néo-gociation 4-10-10, permet de renforcer cette cohérence de manière efficace à condition que la valeur de la proposition est suffisamment attractive et attirante pour le cerveau limbique et suffisamment importante, prestigieuse ou économiquement avantageuse pour le néo-cortex. Lorsque Irena organisait au début de sa carrière académique une conférence inaugurale à Rennes School of Business, elle a souhaité d'y inviter Michel Camdessus, l'ancien Directeur du Fonds monétaire international (FMI) comme principal conférencier. Le Doyen de l'Ecole a alloué pour cela à Irena un budget limité. Irena savait qu'il était important de toucher une corde sensible chez Monsieur Camdessus si elle voulait avoir une chance que ce dernier accède à sa demande. En procédant à une recherche d'information approfondie (la première phase de notre méthode), elle a découvert que Monsieur Camdessus était un homme pieux et très impliqué dans l'aide humanitaire au profit de la jeunesse d'Amérique centrale et latine. Ainsi, pour donner de la valeur à la somme d'argent limitée qui a été proposée en rétribution de la leçon inaugurale, elle a formulé son offre comme « le soutien et la contribution de Rennes School of Business aux efforts de Monsieur Camdessus en tant qu'humanitaire ». Ainsi, le cerveau limbique qui génère des émotions et des envies a surpassé le néo-cortex qui analyse les données de manière cartésienne chez Michel Camdessus. Autrement dit, Irena a trouvé la bonne façon de valoriser son offre et elle a obtenu l'accord de ce conférencier prestigieux à moindre coût.

Il n'existe en pratique qu'un petit nombre de négociations distributives avec un seul problème à résoudre. Dans le secteur public, les négociations impliquent de nombreux problèmes. Ces négociations sont appelées négociations intégratives, ou négociations créatrices de valeur, car elles permettent aux parties aux négociations d'intégrer diverses sources de valeur par le biais d'échanges créatifs. La négociation menée par Frank avec des partenaires publics et privés divers, basée sur la méthodologie de cession-bail, a aidé une ville californienne à financer sa nouvelle caserne de pompiers avec des fonds privés au moyen d'obligations. Cela a également transféré les risques de construction et de livraison vers le secteur privé. Mais le plus important gain pour la ville était le fait que la caserne lui a été livrée « clé en main », immédiatement opérationnelle. Cette négociation public-privé a été efficace et couronnée de succès car elle a été basée sur des intérêts et des valeurs servant ces intérêts de toutes les parties prenantes. La ville a pu se concentrer sur la bonne gouvernance et l'administration publique, tandis que le secteur privé, utilisant ses atouts en matière de construction et d'achats, a mis en place une caserne de pompiers à la pointe de la technologie. Cette discussion holistique sur divers intérêts a permis de maximiser le potentiel de négociation. C'est pourquoi nous affirmons que notre processus de néo-gociation améliore la probabilité d'atteindre un accord avec une valeur supérieure. Lors des négociations de la caserne des pompiers, Frank s'est souvent demandé comment tirer le meilleur parti des négociations intégratives, en créant le plus de valeur possible pour ensuite les répartir entre les secteurs privé et public. Il a pu valider à travers cette expérience ses connaissances théoriques acquises en étudiant le sujet de la création de valeur en négociation.

En règle générale, lorsque les négociateurs sont en désaccord, ils ont tendance à considérer cela comme un obstacle. En fait, les différences sont plus souvent des « opportunités de créer de la valeur dans la négociation », comme l'écrivent Max H. Bazerman, professeur à la Harvard Business School, et Don A. Moore, professeur à Berkeley, à Berkeley dans l'ouvrage *Judgment in Managerial Decision Making*[12]. Les négociateurs se trouvent souvent bloqués parce qu'ils restent concentrés sur les aspects de la transaction qui présentent la difficulté en les traitant un par un. Ils se mettent ainsi eux-mêmes dans la situation inconfortable d'une négociation distributive où, pour que l'un gagne, l'autre doit perdre. Nous vous proposons de sortir d'une telle impasse en se renseignant sur un vaste champ de sujets entourant la problématique/l'opportunité traitées lors d'une négociation. Dans le cas de la caserne de pompiers, il a fallu à Frank d'identifier tous les intérêts et toutes les possibilités de création de valeur. Il n'aurait pas pu structurer la transaction s'il n'avait pas appris que la ville avait la possibilité de bénéficier des aides d'Etat californien pendant quinze ans. Cette connaissance l'a aidé à structurer la durée du bail, faisant en sorte que la caserne de pompiers de la ville est devenue sa propriété au bout d'un bail de quinze ans. Dans les négociations complexes intégratives entre les acteurs publics et privés, il est primordial de savoir aborder de multiples questions simultanément, en convenant entre les parties que l'accord ne surviendra que lorsque tous les éléments auront été discutés et les parties y trouveront un accord. De fait, négocier des sujets un par un empêche de tirer parti des différences de perception de valeur de ces différents éléments qui pourtant composent l'intégralité de la transaction finale. Métaphoriquement, nous vous proposons de mener les négociations comme si vous pétrissiez la pâte d'un bon pain campagnard à l'aide d'une farine de qualité,

---

12   Bazerman, M. H., & Moore, D. A. (1994). *Judgment in managerial decision making* (p. 226). New York: Wiley.

d'eau de source et du levain. Cette pâte monte en volume grâce à travail patient et devient un délicieux aliment après une cuisson de durée et à température adéquates. Le résultat serait très décevant si le boulanger faisait de minuscules pâtons et les cuisait ensuite à la même température et pendant le même laps de temps que la grande miche, vous ne croyez pas? Il est fort à parier que les pâtons deviendraient durs ou pire seraient complétement brûlés et impropres à la consommation. En négociation, c'est pareil: un échange riche d'informations basées sur la connaissance des intérêts et des options des parties prenantes permet d'augmenter et d'optimiser la valeur de la transaction finale. Discuter ou négocier chaque aspect de la transaction individuellement ressemble fortement au résultat de la cuisson longue à température élevée des pâtons de pain ci-dessus; le résultat est soit bâclé soit à jeter à la poubelle...

Les négociations intégratives ne nécessitent pas de sacrifices au nom de la coopération. Au contraire, elles permettent aux négociateurs d'obtenir davantage ce qu'ils recherchent grâce à la fine connaissance acquise progressivement au fil de la négociation, des valeurs de chaque partie. Encore une fois nous revenons à notre métaphore du pain campagnard: s'il a eu le temps de bien lever et augmenter en taille, les tranches qui en seront coupées seront non seulement plus savoureuses mais aussi plus grandes (y compris pour vous) ! Autrement dit, une fois que tous les intérêts potentiels sont identifiés et alignés sur des options et des solutions élégantes, il est possible d'en partager les valeurs.

La troisième étape de notre technique en quatre étapes concerne justement la distribution de valeur. C'est le moment critique pour négocier le prix à payer/ se faire payer en échange des produits ou des services. Après avoir exploré tous les intérêts et inventé toutes les options possibles sans engagement, le moment est venu pour vous d'exposer et de justifier votre prix/l'acceptation de payer leur prix selon des normes objectives et sur la base des preuves que vous avez exposées/obtenues au cours des premières de deux phases de la négociation. Le moment de la distribution de la valeur correspond au moment où on transforme les options de chaque intérêt en concessions réciproques. Cette étape est également connue comme compromis. Une fois la distribution de la valeur terminée, la quatrième et dernière étape consiste à donner suite ou à mettre en œuvre l'accord tel que négocié, à condition qu'il soit acceptable pour les deux partis et qu'il puisse perdurer dans le temps. La quatrième étape d'une négociation dépend fortement de la qualité de l'exécution des trois premières étapes de notre technique de néo-gociation 4-10-10.

Nous vous proposons à présent de compléter nos 4 étapes par les 10 éléments que nous avons identifiés lors de nos recherches et de notre pratique de tous les types de négociations.

	1- Préparation	2- Création de Valeur	3- Division de Valeur	4- Mise en Place
Contexte	X			
Intérêt	X	X	X	X
Option	X	X		
Pouvoir	X	X	X	X
Cognition	X	X	X	X
Concession	X		X	
Standards	X		X	X
Conformité	X			X
Temps	X	X	X	X

1. Le contexte

Le contexte a une incidence sur l'environnement dans lequel se déroule la négo-ciation. Par exemple, dans le contexte démographique, le pouvoir de négociation d'un groupe d'âge peut être supérieur à celui de l'autre. Dans une municipalité vieillissante, la défense d'un EHPAD pour personnes âgées peut avoir plus de succès qu'un terrain de jeu doté d'une balançoire dans le parc. Inversement, dans une municipalité peuplée de jeunes familles, le parc va gagner en impor-tance contre l'EHPAD... Sur le plan personnel ou organisationnel, l'histoire du négociateur, ses antécédents scolaires, ses amis, ses clients, ses partenaires, son statut socioéconomique, sa culture, ses valeurs et ses croyances religieuses four-nissent un contexte permettant d'impacter les relations du premier contact à la fin des négociations. N'oubliez pas que la négociation est une activité humaine avec un contexte hautement social.

L'analyse de contexte en négociation se produit au cours de la première et peut-être la plus importante étape de néo-gociation 4-10-10, qui est la prépara-tion. C'est le moment de rassembler des informations et des données pour créer de la valeur et raconter une histoire ou le « pourquoi » de la négociation répon-dant aux besoins de ce contexte particulier.

La définition du contexte détermine également la forme ou le choix du canal de négociation. Nous identifions dans les paragraphes ci-dessous les canaux pertinents des négociations directes, des négociations par l'intermédiaire d'un agent, d'un facilitateur, d'un médiateur, des enchères, d'un dialogue multipartite et de négociations informelles parallèles. Des négociations directes sont appropriées entre amis ou organisations ayant des relations existantes. Le capital social déjà en place entre deux amis est tout ce qui peut être nécessaire pour au moins entamer des négociations directes. Les nouvelles négociations par le biais d'un agent, tel qu'un agent immobilier, un avocat ou un syndicat, facilitent des relations plus distantes ou peut-être des relations nécessitant une expertise technique comme le droit. En d'autres termes, une relation fonctionnelle entre des acteurs liés par une structure sociale peut être utilisée pour produire un résultat économique ou non économique.

Dans le contexte d'un conflit environnemental, deux organisations concurrentes peuvent demander à un facilitateur neutre de faire avancer les négociations. Des facilitateurs tels que l'ONU, la Banque mondiale ou des ONG telles que Médecins sans frontières ou la Croix-Rouge, sont utiles pour les négociations, la politique publique et l'administration. Leur capital social et humain leur permet de concevoir et de mettre en œuvre les mesures correctives administratives nécessaires pour le bon déroulement de négociations entre pays ou organisations internationales. La néo-gociation 4-10-10 par le biais d'un médiateur neutre permet de résoudre les différends juridiques. Dans un contexte où il n'y a pas grand-chose à négocier sauf le prix, comme un produit de base ou un marché public, les enchères constituent la meilleure forme ou le meilleur canal de négociation. Les enchères électroniques comme eBay, E*TRADE ou Bloomberg contribuent à l'équilibre entre l'offre et à la demande de manière efficace et productive. Bien que notre modèle de néo-gociation 4-10-10 est très efficace pour améliorer les relations entre fournisseurs et clients, il n'est pas adapté aux ventes aux enchères et nous n'allons donc pas aborder ce sujet dans ce livre. La néo-gociation 4-10-10 est autrement plus adaptée au dialogue multipartite entre les acteurs publics, privés et associatifs dans un contexte collaboratif. Nicolas Berggruen et Nathan Gardels suggèrent dans leur livre[13] que dans un monde véritablement multipolaire, aucun pouvoir ne domine le marché. Ils ajoutent qu'un nouveau système de «gouvernance intelligente» est nécessaire pour relever les nouveaux défis. La crise des missiles nord-coréens de

---

13 Berggruen, N., & Gardels, N. (2013). *Gouverner au XXIe siècle : la voie du milieu entre l'Est et l'Ouest*

2017 illustre les difficultés du contexte et l'importance des relations multilatérales. Lors de sa dernière visite aux États-Unis, le président français Emmanuel Macron a clairement plaidé en faveur du multilatéralisme pour pouvoir trouver les solutions pérennes à la plupart des défis auxquels le monde est confronté aujourd'hui.

Le dialogue entre multiples parties prenantes fournit la plate-forme pour l'échange d'idées permettant d'harmoniser les croyances, les intérêts et les convictions afin d'atteindre un état et un résultat collaboratifs. Il est important ici de souligner l'importance des négociations informelles parallèles qui peuvent s'avérer utiles dans le cadre de négociations publiques plus délicates, voire perçues comme sans espoir d'attendre un accord. Nous connaissons à présent, grâce à l'ouverture des archives, que c'est bien cette approche indirecte et une négociation menée par des voies informelles qui a permis de trouver l'issue pacifique à la crise des missiles à Cuba. La position initiale du côté soviétique émanait de la frustration et du complexe d'infériorité cultivé par Nikita Sergueïevitch Khrouchtchev ainsi que de son obsession du statut et de la crédibilité de l'Union soviétique comme « puissance mondiale ». La réaction américaine, quant à elle, devait beaucoup à l'indignation et à la colère de John Fitzgerald Kennedy. On le sait, Kennedy n'attachait pas dans un premier temps une grande importance à la signification stratégique de ces missiles. Pour autant, il était hors de question de tolérer leur présence à Cuba. Lors de la première réunion de l'*Executive Committee*, l'ensemble des participants se sont prononcé en faveur des frappes aériennes, y compris le Président Kennedy. La découverte de ces missiles est aux yeux de Kennedy représentait un flagrant délit de mensonge et une provocation délibérée de Moscou. Durant les mois précédant la crise, les Soviétiques ont cherché à rassurer les Américains que leur soutien à Cuba était uniquement politique et économique. Genady Bolshakov, un membre des services secrets soviétiques et relais officieux entre le Kremlin et la Maison-Blanche, a donné de multiples assurances à R. Kennedy sur ce point. La découverte de ces missiles mettait le Président américain dans une situation politiquement très délicate car Kennedy s'est engagé publiquement à ne pas tolérer leur présence lors de deux déclarations officielles au mois de septembre 1962. Mais le principal risque aux yeux du président Kennedy était la perte de contrôle d'une situation explosive, l'enchaînement d'une escalade involontaire et le déclenchement d'un conflit nucléaire. Il craignait d'être tenu responsable du plus grand cataclysme de l'histoire de l'humanité. Comme nous le savons, la crise des missiles a pris fin lorsque la Russie a accepté de retirer les missiles de Cuba. En contrepartie, les

États-Unis ont accepté de retirer les missiles Jupiter de Turquie et d'Italie et se sont engagés à ne pas envahir Cuba.

2. L'intérêt

Le deuxième élément de notre méthode est « l'intérêt ». Il consiste à définir le « pourquoi » ou le but d'une négociation. Pourquoi sommes-nous ici? Dans notre paradigme de la néo-gociation, nous conseillons de toujours de maximiser la valeur de la coopération et de créer une relation durable à long terme. En d'autres termes, la définition de l'approche gagnant/gagnant commence ici. L'intérêt est un ensemble composé par la mission, la vision, les objectifs que vous vous fixez. Si l'intérêt ne concernait que le prix, il s'agirait d'une définition unilatérale de la finalité d'une seule dimension conduisant à une cible très réduite et résultant en une distribution de valeur de gagnant/perdant ou, au mieux, d'un compromis sur le prix à l'intérieur de la zone des accords possibles. Ce n'est satisfaisant ni intellectuellement, ni économiquement ni socialement. Des négociations multilatérales qui intègrent véritablement les intérêts de toutes les parties impliquées permettent de maximiser la valeur de la coopération et de créer des relations durables entre parties. En fait, en tant que professionnels de l'administration publique, vous ne pouvez pas vous permettre d'avoir des aspirations au rabais au XXIème siècle. Les citoyens, les usagers de différents services publics exigent que les collaborations soient non seulement plus efficaces mais aussi plus efficientes et que les dépenses de deniers publics soient justifiées par l'intérêt des générations actuelles mais aussi des générations futures dans un souci de soutenabilité et de durabilité.

Veuillez noter que pour cet élément, nous avons choisi le terme « intérêt » et non celui d'une « position ». L'intérêt définit le problème et motive à y trouver une solution. L'intérêt est défini comme « quelque chose qui concerne, implique, attire l'attention ou suscite la curiosité d'une personne ». La négociation raisonnée est fondée sur la prise en compte des intérêts des différentes parties. A contrario, la négociation basée sur une position consiste à établir et à défendre une position en vue de réaliser des gains à la suite de concessions de l'autre partie dans un rapport de force en dissimulant des informations en amplifiant des demandes sur la base de l'intransigeance basée sur des positions énoncées. Derrière des positions opposées se cachent des intérêts partagés et compatibles et chacun d'eux peut être satisfait de plusieurs façons. Chaque partie a des intérêts multiples, mais elle a aussi des besoins humains fondamentaux en accord avec les caractéristiques personnelles évoquées précédemment. Un bon négociateur reconnaît les intérêts de l'autre partie et s'attèle à chercher les façons de les satisfaire de manière sincère. Dans cette démarche, il est important de séparer intellectuellement les aspects humains (liés aux personnes assises autour de la table de la négociation) des sujets traités à cette même table. Ceci permet aux parties de régler leurs différends en recherchant des solutions aux problèmes par échange d'informations, sans nuire à leur relation. Cela les aide également à mieux comprendre le problème de fond et les intérêts profonds qui se cachent derrière les positions énoncées parfois avec les émotions négatives. La négociation peut être un processus frustrant. Les négociateurs agissent parfois avec peur ou en se mettant en colère lorsqu'ils sentent que leurs intérêts sont menacés.

Nous insistons dans nos séminaires sur l'importance de l'écoute active. Des néo-gociateurs deviennent des auditeurs attentifs et empathiques, qui accordent toute leur attention à l'orateur, résumant avec respect et avec précision les propos de l'orateur pour confirmer la façon dont ils ont compris les problèmes énoncés. En règle générale, un néo-gociateur expérimenté mélange des questions ouvertes et des silences stratégiques pour amener l'autre partie à exprimer leurs intérêts de manière approfondie afin de pouvoir formuler les propositions de solution. En effet, les discussions à une table de néo-gociation 4-10-10 portent sur la solutions désirables et souhaitées plutôt que sur les événements passés qui ont généré des frustrations. Parfois, les solutions finales sont simples mais pas faciles à percevoir dans le discours émotionnel d'un orateur « campé » sur ses positions. Seul un bon auditeur peut y saisir les nuances et entendre quels sont les intérêts de fonds à satisfaire, cachés derrière les positions présentées. En illustrant cet aspect de la néo-gociation 4-10-10 dans nos séminaires, il nous arrive de proposer aux participants l'étude de cas suivant : Daniel, un employé dévoué, travailleur et honnête de la ville donne une entière satisfaction aux administrateurs de la ville depuis plus de 15 ans. Il est marié et ses deux enfants sont en âge de rentrer au lycée. Il vient de demander une augmentation de salaire de 5% à la Directrice des services municipaux, Nicole. Or la ville a été durement touchée par la récente récession qui a causé la baisse des recettes fiscales. Tandis que l'économie se redresse lentement, le conseil municipal a demandé à Nicole de rester vigilante et veiller à limiter les dépenses. Nous demandons ensuite aux participants d'examiner le dilemme de la négociation dans le cadre d'un jeu de rôles. Quelles sont les façons d'aborder la demande de Daniel ? Il est bien sûr possible de refuser la demande de Daniel pour la simple raison de baisse de recettes et donc de budget diminué. Cependant, ce choix fait que Daniel, cet employé loyal et dévoué au service depuis 15 ans, en devient extrêmement déçu et il s'en trouve démoralisé. Un autre choix possible consiste à proposer à Daniel une augmentation plus modeste, disons d'1-2%. Daniel peut en être quelque peu heureux mais risque de rester frustré par le fait que sa loyauté et son travail acharné sont évalués par sa direction à moins de 5%. Et puis, il existe un troisième choix qui est basé sur un processus de discussion approfondie et empathique sur les intérêts partagés par les parties. Et même si ce processus ne donne lieu à aucune augmentation, les participants jouant les rôles de Daniel et de Nicole se disent très satisfaits du résultat de leur échange. Le proverbial gagnant/gagnant. Alors que le résultat d'une « troisième » voie en négociation est possible. La négociation y commence généralement en discutant des bons services de Daniel à la ville, de son dévouement et de son temps passé au travail. Ensuite sont évoquées les réalités fiscales de la ville malgré le bon travail de tous, ainsi que les avantages d'un emploi stable et la camaraderie forgée entre les employés de la ville. La discussion se poursuit généralement à propos de la famille de Daniel et de ses besoins. Si Nicole mène correctement la découverte des besoins de Daniel, elle apprend qu'il aimerait passer plus de temps avec ses enfants qui grandissent et quitteront dans quelques années le foyer familial pour aller étudier à l'université en dehors de la ville. Grâce à cette découverte, les étudiants jouant le rôle de Nicole sont en mesure d'élaborer une solution gagnant / gagnant. Néo-gociatrice empathique, la personne jouant le rôle de Nicole peut ainsi proposer à Daniel des horaires de travail flexibles, lui permettant de prendre un vendredi sur deux pour passer du temps en famille. Cette proposition n'est accompagnée d'aucune augmentation ou diminution de salaire. Et pourtant, Daniel est heureux de pouvoir passer plus de temps avec sa famille. Nicole est heureuse, tout comme le conseil municipal de ne pas avoir à payer plus d'argent. Nicole reste la Directrice très appréciée par Daniel qui lui, reste pleinement dévoué au service public de la ville.

En néo-gociation 4-10-10, les parties ne sont pas bloquées sur les positions mais se focalisent sur leurs intérêts réciproques, ceux qui leur permet de pouvoir rester ouvertes aux différentes propositions de solutions. Les intérêts sont essentiels pour l'élaboration des options. Le jugement de la situation prématurée, uniquement basé sur l'évaluation des positions apparentes nuit à l'imagination, à la créativité, à l'innovation et à la quête de solutions novatrices. Dans notre mini jeu de rôles, la capacité de Nicole à identifier l'intérêt de Daniel à consacrer plus de temps à ses adolescents, résout son dilemme. Certes, elle ne peut pas pouvoir donner satisfaction à la demande d'augmentation de salaire formulée par

Daniel mais l'aménagement des horaires de travail de Daniel, qui ne coûte pas un centime de plus à Nicole et à la ville, permet à Nicole de satisfaire un intérêt personnel profond de Daniel et de préserver la motivation professionnelle de ce dernier.

La néo-gociation 4-10-10 permet de faire converger les intérêts des parties car elle est prédisposée à rechercher le « pourquoi » des sujets mis sur la table de la négociation. Une approche collaborative, par opposition à une approche distributive, exige de bonnes capacités d'écoute pour pouvoir proposer des solutions imaginatives, créatives et novatrices qui répondent aux intérêts. Les professionnels de l'administration publique en tant que néo-négociateurs se concentrent fondamentalement sur les avantages des solutions efficientes et mutualisées pour pouvoir mieux servir leurs circonscriptions.

La réflexion initiale sur l'intérêt individuel (la mission, la vision et les objectifs d'une seule partie) se transforme dans ce processus en une réflexion à voix haute sur la mission commune, la vision commune et les objectifs communs. L'élaboration d'une définition de l'objectif commun, la recherche de gains mutuels et la découverte de moyens de rendre les décisions faciles facilitent la création de valeur et, en définitive, la répartition des valeurs. Une bonne analyse des parties prenantes et une préparation globale facilitent le processus de néo-gociation 4-10-10.

Cela étant dit, il serait naïf de penser et d'aborder toute négociation sans un plan «B». Rappelez-vous que tout est une question de cadre. William Ury, Roger Fisher et Bruce Patton[14] appellent cela la meilleure solution de repli (MESORE). MESORE nous donne le pouvoir de nous retirer si nous ne parvenons pas à obtenir des gains mutuels à aucun stade de la négociation. Plus la MESORE est performante, plus notre capacité de négociation est forte. Cependant, dans notre paradigme de la néo-gociation 4-10-10, nous préconisons l'utilisation de MESORE comme outil de collaboration et de renforcement de la transaction en cause plutôt que comme un outil permettant de faciliter la fuite.

Pour illustrer notre propos, nous proposons le scénario hypothétique suivant entre deux géants du secteur des technologies, Intel et Hewlett Packard (HP). Considérons que HP propose d'acheter 1 million de processeurs Intel. Intel propose un prix de 100 dollars américains par processeur acheté pour un prix total du contrat de 100 millions de dollars. Si HP était disposé à payer 80 millions de

---

14   Fisher, R., Ury, W. L., & Patton, B. (2011). *Getting to yes: Negotiating agreement without giving in.* Penguin.

dollars, nous savons que la zone des accords possible se situe autour de 20 millions de dollars. Il serait normal que ces deux sociétés sophistiquées du groupe Fortune 100 viennent à la table des négociations avec un MESORE. On peut imaginer qu'une MESORE plausible pour cette transaction serait IBM (un autre fabricant d'ordinateurs) dans le cas d'Intel et peut-être ARM (un autre fabricant de processeurs) dans le cas de HP. Ces MESORE donneraient à chaque partie la possibilité de se retirer en cas d'absence d'accord situé dans la zone des accords possibles. Nous préconisons qu'Intel et HP discutent de leurs intérêts respectifs non seulement en tant que fournisseur (Intel) et acheteur (HP), mais également en tant que deux géants de la technologie au potentiel énorme pour développer des options viables, durables et mutuellement bénéfiques. Nous proposons qu'ils travaillent ensemble pour « pétrir une grande miche », c'est-à-dire qu'ils incluent dans la discussion l'achat et la vente de leurs produits respectifs, la publicité conjointe, les collaborations de recherche et développement, la gestion de la trésorerie par rapport aux ventes et la stratégie de marque commune. L'autocollant que nous voyons aujourd'hui sur de nombreux PC avec la mention « Intel Inside » est en fait un produit de négociations basées sur les intérêts. La marque de son produit était un objectif essentiel d'Intel, pour lequel elle était disposée à nouer une relation à long terme avec HP et à vendre des processeurs à un meilleur prix. Plus important encore, les deux organisations profitent encore de la relation en augmentant la taille de leurs transactions. Ces intérêts créent de la valeur économique bien au-delà de la zone des accords possibles. Ces intérêts offrent aux négociateurs d'étonnantes possibilités d'améliorer la capacité de l'accord.

Nous envisageons le même résultat en accordant à un promoteur immobilier le droit de construire une nouvelle copropriété. Dans notre paradigme de néo-gociation 4-10-10, il ne s'agit pas uniquement d'un complexe d'une nouvelle copropriété. Il s'agit de l'embellissement d'un quartier, du développement économique de la ville, du logement moderne pour les habitants actuels et futurs. Il s'agit peut-être aussi de l'enfouissement des câbles, du remplacement des éclairages extérieurs vieillissants, de la réparation des égouts pluviaux ou de la mise en réseau des solutions énergétiques à base des ressources renouvelables telles que l'énergie solaire. En d'autres termes, il s'agit d'élargir les intérêts du « pourquoi ce projet? ». Ce que nous avons déjà transmis en séminaires de néo-gociation 4-10-10 à des entreprises telles que HP, Sony ou Johnson & Johnson ou aux maires et membres du conseil du Forum des dirigeants locaux à l'Université de Californie du Sud, c'est savoir différer le moment de l'ancrage en développant une multitude d'intérêts qui permettent de créer un large panel d'options pour améliorer la probabilité de conclure une meilleure transaction.

3. Les options

Le troisième élément de notre système 4-10-10 sont des options. À l'instar du contexte et des intérêts, des options sont créées dans les étapes 1 et 2 de la négociation, c'est-à-dire pendant la préparation à la négociation et pendant la création de valeur. Les options font appel à l'imagination, à la créativité et à la capacité d'innovation des négociateurs. Il s'agit de rendre les options « élégantes » en poursuivant les intérêts que nous avons créés pour rendre le processus de la négociation agréable, sans tension et avec un minimum de friction. Cet élément concerne l'établissement de liens, la personnalisation et la concordance des intérêts avec des options de solutions. C'est ici que « la miche est pétrie » avant de la trancher lors de l'étape suivante de la distribution de valeur. Un bon négociateur s'assure qu'il y a suffisamment d'options à distribuer pour les deux côtés et, plus important encore, qu'il ne révèle jamais l'ordre d'importance de chaque option. C'est là que la qualité de MESORE aide à définir les options.

Enfin, les options et diverses alternatives à ces options ajoutent de la valeur et améliorent votre capacité à conclure de meilleures affaires. Plus vous disposez d'options, plus la distribution est facile et plus il y a de place pour des concessions dans la conclusion d'un accord idéal. La création d'options inégale mène aux concessions disproportionnées. Notre paradigme de la néo-gociation 4-10-10 a pour objectif la répartition équitable et équilibrée des options car l'opportunité d'atteindre le résultat gagnant / gagnant n'exige rien de moins.

4. Le pouvoir

Notre quatrième élément, le « pouvoir », est potentiellement plus destructif que constructif ou productif. Cependant, le « pouvoir », en particulier pour nos dirigeants publics, fait partie intégrante de toutes les négociations et relations, sous une forme ou une autre. Nous allons donc consacrer quelques paragraphes à la mise en garde pour identifier le champ de mines que peut représenter le pouvoir, pourtant si convoité. Nous allons analyser d'abord deux de ses aspects négatifs, à savoir ce que nous appelons les motivations égoïstes destructrices, et les tactiques maladroites nuisant aux relations, puis nous poursuivrons l'analyse du pouvoir en regardant de plus près ses aspects positifs, à savoir ceux qui « lubri-fient » les négociations en améliorant les relations entre les parties.

Motivations égocentriques destructrices

Le pouvoir de l'argent nous aide à déterminer l'autorité et la capacité de négocier un accord, mais il contribue également à la corruption. Le pouvoir de l'argent, tout comme le pouvoir du sexe, est une source d'influence incroyable. De plus, l'un comme l'autre crée une dépendance. Le déséquilibre chimique qu'ils procurent au cerveau humain supprime la capacité de craindre les règles, normes et lois de la société civile ou de s'y conformer.

Malheureusement, le pouvoir de l'argent et du sexe sont les deux causes de déroute les plus fréquentes chez les dirigeants. Hélas, nous avons déjà vu des présidents, des ministres d'un gouvernement, des législateurs, des maires ou des membres du conseil perdre la confiance des citoyens et parfois même leurs postes en raison de la nature addictive et destructive de ce type de pouvoir. C'est une raison de plus pour laquelle en appliquant la méthode de néo-gociation 4-10-10, nous conseillons de se concentrer sur le but holistique d'une négociation plutôt que de rester focalisés sur l'échange économique. L'identification du « pour-quoi » par la création d'intérêts et l'invention d'options réduisent le risque de corruption ou d'intérêt personnel. Le but holistique d'une négociation, particu-lièrement en matière des affaires publiques, nous motive et nous rappelle notre responsabilité en tant que fonctionnaires. Négocier au nom des citoyens afin de créer de la valeur pour la communauté dans laquelle nous avons l'honneur de servir est un intérêt collectif. Le pouvoir de l'argent ou du sexe ne peut être poursuivi que pour des raisons individuelles. Notre méthode de néo-gociation 4-10-10 est bâtie sur la collaboration et la coopération afin d'améliorer la valeur de l'accord final pour tout le monde, en le rendant résiliant. Des qualités de bonne gouvernance, telles que la transparence et la responsabilité, permettent aux professionnels de l'administration publique de résister à la tentation de mettre en avant les intérêts personnels devant les intérêts de la communauté. Le pouvoir de l'égo démesuré n'est parfois pas très éloigné des pouvoirs de l'argent et du sexe. Un « Égomane » est sûr que sa vérité est l'unique vérité qui existe. Ecouter pour apprendre est pour lui une pure perte de temps. Étant donné qu'en néo-gociation 4-10-10, l'écoute empathique est un outil important pour pouvoir inventer et coconstruite des solutions durables et mutuellement valeureuses, « l'égomanie » représente un défaut grave. Manipuler ou séduire habilement un « Égomane » peut être le seul moyen de transformer ses défauts en opportunités de création de solutions potentielles. Cela ressemble beaucoup à notre discussion sur l'Autoritaire et à l'histoire de l'ambassadeur de France Talleyrand transformant l'empereur de Prusse en « Égomane » pour préserver le magnifique pont du Pont d'Iéna à Paris. Changer le cadre est critique.

Nous avons déjà abordé le sujet de l'importance d'avoir un nombre égal d'options de qualité au stade de la distribution de la valeur pour s'assurer que la négociation mène à un résultat de gagnant/gagnant. A la fois la quantité et la qualité des options créées sont importantes. Des options qualitatives présentées en bon équilibre quantitatif évitent les émotions négatives et destructrices de la jalousie ou de l'envie humaine. Dans le contexte des négociations avec un promoteur immobilier pour obtenir le droit de construction, Frank a toujours dit qu'en tant que maire ou membre du conseil, il ne se préoccupait jamais des avantages potentiels personnels proposés par le promoteur, mais uniquement des avantages que la proposition du promoteur présentait pour ses électeurs. Il a toujours cherché à faire en sorte que le développeur et la communauté gagnent finalement conjointement. Le travail des professionnels de l'administration publique réside dans la facilitation des accords permettant aux acteurs de la vie économique et aux citoyens d'être satisfaits et de faire progresser la qualité des conditions de vie dans la communauté.

Le pouvoir de la « réciprocité » est une arme à double tranchant. Dans la société civile et sur la base de notre système de valeurs commun, nous échangeons un cadeau contre un autre, une faveur en échange d'une autre, un acte de gentillesse ou de compassion par un autre acte de ce type. « Merci » au Brésil est exprimé par « Obrigado », ce qui signifie « obligé » …

Les lois sur les conflits d'intérêts sont fondées sur la notion de la loyauté des dirigeants publics envers les citoyens qui les ont élus. Ainsi, les considérations financières personnelles et privées des dirigeants publics ne sont pas autorisées à entrer dans le processus de prise de décision dans les affaires publiques. En néo-gociation 4-10-10, nous incitons les dirigeants publics à chérir les valeurs de l'intégrité et de l'éthique absolues.

Des tactiques destructrices qui nuisent aux relations

Qui n'a pas été au moins une fois menacé dans une négociation et entendant: « Si vous ne faites pas xxx, je serais obligé de faire yyy… ». Une menace peut générer des résultats escmptés si elle est crédible et son utilisation plausible.

La confiance, la posture et l'habileté à dissuader l'exécution d'une menace sont d'excellentes ressources pour éviter un conflit ou une bagarre. Le vieil adage romain *Qui vis pacem para bellum*, ou « qui veut la paix prépare la guerre » signifiait dans le contexte de la Pax Romana l'état de non-guerre sur les vastes territoires conquis par les Romains. Cet adage, attribué à Végèce montre le pouvoir de la menace générale d'être préparé à sa mise en exécution. Les tactiques destructrices qui visent à tromper le partenaire avec des faits et des données inexactes ou de créer un environnement stressant avec des attaques personnelles, des menaces ou des ultimatums, entravent l'approche collaborative et réduisent les chances de mener une discussion sereine, propice à la création d'intérêts et d'inventions d'options pour résoudre les problèmes.

Nous allons vous présenter ci-après quelques tactiques « à l'ancienne » uniquement pour que vous soyez au courant de leur existence. Cependant, vous allez vite comprendre en lisant leur descriptif qu'il s'agit des tactiques à proscrire car elles sont contraires aux principes de la néo-gociation 4-10-10 collaborative, éthique et élégante.

Le Bluff

La puissance du bluff est une tactique de communication persuasive compétitive. Elle peut fonctionner parfois et à certaines conditions, à savoir quand elle est réservée à des négociations isolées et en tête à tête. Il faut savoir que le risque de susciter de la défiance chez le partenaire en négociation est élevé car cette tactique à haut risque ne respecte pas les 4C en communication, à savoir la crédibilité, la cohérence, la consistance, et la congruence. Être capable de bluffer peut s'avérer très utile pour des joueurs de poker mais pas pour des négociations en affaires publiques. Prétendre et faire croire des fausses informations à ses partenaires à travers l'usage des silences ou des affirmations mensongères, ruine le capital social et la réputation, sans parler du fait que c'est tout simplement malhonnête. Qui en France ne souvient pas de la fameuse affirmation du député et président de la commission des Finances, de l'Économie générale et du Contrôle budgétaire à l'Assemblée nationale, Jérôme Cahuzac en décembre 2012 : « Je n'ai jamais eu de compte à l'étranger ; je l'ai démenti et je continue à démentir car ces allégations sont fausses ». Accusé par le site d'information en ligne Mediapart d'avoir possédé des fonds non déclarés sur un compte en Suisse, puis à Singapour, Jérôme Cahuzac reste dans le déni pendant plus de quatre mois. Il finit par reconnaître les faits en avril 2013. Après des péripéties judiciaires, il

est condamné à deux ans de prison ferme, une peine aménageable, 300 000 €
d'amende et 5 ans d'inéligibilité en 2018.

Il faut parfois des années pour se bâtir une bonne réputation et construire des
relations de confiance. Un seul bluff peut suffire pour les anéantir en quelques
minutes et pour toujours. Nous pensons que le bluff est à complétement proscrire pour tous les dirigeants publics. Nous préconisons toujours l'éthique avant
toute autre chose en application des principes de la néo-gociation 4-10-10. Aucun
désir d'attendre un accord ne justifie pas la compromission de sa réputation ou
son intégrité. Et il faut se rendre à l'évidence que le bluff ne permet en aucun cas
d'atteindre un résultat de gagnant/gagnant en négociation, surtout pas à long
terme.

La tactique du salami

En néo-gociation 4-10-10, nous déconseillons également le recours à ce que
les négociateurs formés à l'ancienne appellent «la tactique du salami ». Il s'agit
une fois de plus d'un outil de manipulation et non de collaboration. Le « saucis-
sonnage » d'une négociation fait que celle-ci dure dans le temps, menée étape
par étape, en imposant au partenaire uniquement de petites concessions par
tranches minces. Bien évidemment, cette tactique non seulement n'ajoute pas
de valeur au résultat de la négociation mais détruit partiellement ou totalement
la confiance de la partie adverse qui se sent lésée ou flouée. Dans nos séminaires
en néo-gociation 4-10-10, nous donnons aux participants des outils pour devenir
des facilitateurs/médiateurs. Ces outils bâtissent sur les compétences en acquisi-
tion/cultivation du capital social qui permettent à ceux qui savent s'en servir de
transformer la manipulation en la collaboration.

C'est ma dernière proposition... à prendre ou à laisser !!!

Aussi, dans le répertoire des tactiques de négociations « à l'ancienne » est
à signaler celle de la « dernière proposition » sollicitée ou non sollicitée ou un
ultimatum face à un négociateur qui se laisse dépasser par son désir de gagner
ou d'obtenir le gain de cause. La tactique de la dernière proposition peut être
contrée par une MESORE bien préparée et valorisante.

La tactique du bon & du mauvais flic

Pratiquée à la fois en négociation et en interrogatoire policier, la technique « du bon flic & du mauvais flic » consiste à se répartir les deux rôles pour souffler le chaud et le froid afin de déstabiliser la personne en face qui finit par lâcher des aveux/fait des concessions circonstanciées au « gentil flic » pour éviter la colère du « méchant flic ». Cette stratégie « 2 en 1 » n'aide pas non plus à bâtir des relations ou à renforcer la réputation. Elle est contraire à nos normes éthiques de rechercher le principe gagnant-gagnant collaboratif. En fait, le « mauvais flic » cherche intentionnellement à intimider par la duperie. C'est contraire à notre paradigme de néo-gociation 4-10-10 où les deux parties gagnent par le partage d'un résultat optimisé. Pour désamorcer un scénario aussi laid, il peut s'avérer opportun de nommer la technique de manière ouverte en exposant sa connaissance de manière diplomatique et non-agressive. Si vous constatez l'utilisation de la tactique « du bon & du mauvais flic », vous pouvez emmener dans la négociation votre propre « mauvais flic » pour signaler à l'autre partie non seulement que vous êtes au courant de ce qui se passe mais aussi permettre une réinitialisation de la relation par cette remise à l'égalité des forces.

Des qualités qui améliorent les relations et « lubrifient » les négociations

Le pouvoir des médias et, plus important encore, l'avènement du web 2.0 rend la e-réputation et la valeur immatérielle qu'elle confère aux différents acteurs en néo-gociation 4-10-10 s'en trouve considérablement augmentée. La Commission nationale de l'Informatique et des Libertés (CNIL) définit l'e-réputation comme « l'image en ligne » d'une entreprise ou d'une personne. Cette e-réputation se développe à partir de l'ensemble des informations mises en ligne sur des supports dont le nombre et la variété ne cessent de croître comme les sites d'entreprise, les réseaux sociaux, les blogs, les forums ou encore les plate-formes de partage de vidéos. Les informations y sont visibles par tous et émanent de sources très variées. Il est donc important d'évaluer sa réputation en ligne et de la maîtriser.

Dans un environnement de plus en plus concurrentiel - alors que les entreprises luttent pour leur chiffre d'affaires, leur croissance, leur part de marché et leur fidélité - la gestion de leur réputation est devenue l'un des facteurs cruciaux constituant leur valeur commerciale. Bien que la plupart des entreprises reconnaissent que la gestion de la réputation est importante, relativement peu d'entre elles ont trouvé le moyen d'en tirer parti. Dans les pays développés, l'image fait partie intégrante de la valeur de l'entreprise. D'après une étude menée par le Forum économique mondial (WEF), la réputation d'une entreprise représente 25% de sa valeur. Selon une autre étude, le risque de perte d'une bonne réputation est considéré comme très important par 87% des dirigeants de grandes entreprises.

Le risque de perte de bonne réputation pour une entreprise reste difficile à évaluer, en raison du manque d'éléments objectifs permettant, d'une part de mesurer la valeur d'une marque, et d'autre part la réalité du risque de scandale encouru par une entreprise. Le nouveau PDG d'Uber, Dara Khosrowshahi, a montré dans un courriel adressé aux employés de la société qu'il comprenait parfaitement la valeur de la réputation: « Indépendamment des efforts fait pour savoir si nous avons fait tout ce qui se dit à notre sujet ... et pour être clair, je ne pense pas que nous l'ayons fait ... cela compte vraiment ce que les gens pensent de nous. Dans une entreprise mondiale comme la nôtre où les actions dans une partie du monde peuvent avoir des conséquences graves dans une autre, le coût d'une mauvaise réputation est très élevé. ». Le Groupe LEGO est depuis plusieurs année en tête du classement du *Reputation Institute* comme le numéro 1 de l'entreprise avec la meilleure réputation en responsabilité sociétale et environnementale. En effet, Le Groupe Lego affirme respecter douze principes commerciaux responsables qui définissent les attentes de ses sites de production, de ses fournisseurs et partenaires et sur des sujets tels que l'éthique, les personnes, le travail des enfants et le respect de l'environnement. Ils effectuent des audits volontaires pour évaluer la performance des fournisseurs sur ces principes. Le Groupe Lego a des objectifs ambitieux d'élimination des déchets en examinant les matériaux utilisés dans ses produits. La société affirme également avoir mis en place des initiatives d'économie circulaire pour offrir aux consommateurs la possibilité de transmettre leurs briques Lego aux enfants dans le besoin. Enfin, avec les ressources énergétiques générées grâce aux sources renouvelables à 100% et avec d'autres objectifs sur des sujets tels que la diversité et l'inclusion sur le lieu de travail, il semble que la société danoise mérite pleinement sa bonne réputation.

Nous estimons que la valeur immatérielle de l'image/de la réputation irréprochable d'une organisation est nécessaire à notre nouveau paradigme de gouvernance de plus en plus distribuée ou partagée, qui favorise à son tour l'opportunité d'être gagnant/gagnant. La réputation crée la confiance et la confiance crée des affaires.

Le capital social

Bourdieu[15] définit le capital social comme « l'ensemble des ressources actuelles ou potentielles qui sont liées à la possession d'un réseau durable de relations plus ou moins institutionnalisées d'interconnaissance et d'inter-reconnaissance ». Dans un article de James S. Coleman[16] que nous demandons aux participants de lire avant de participer à nos séminaires en néo-gociation 4-10-10, il est écrit que « Le capital social est productif, rendant possible la réalisation de certaines fins qui seraient impossibles en son absence ». Nous pensons que cette productivité est primordiale dans notre nouvelle négociation.

Les sociologues concluent que le capital social améliore les comportements économiques, politiques, administratifs et humains en général, car il est composé de concepts tels que «confiance», «communauté» et «réseaux». Tout en se référant à Coleman, Robert Putnam[17] redéfinit les dimensions individuelle et collective, privée et publique de la notion de capital social. Les relations sociales soutiennent les règles de la vie sociale en produisant du capital social, qui profite aux individus, mais aussi à la communauté. Le capital social peut donc être simultanément un bien «privé» et un bien «public». Les réseaux sociaux reposent sur des obligations mutuelles, ils ne sont pas simplement des contacts. Ils produisent une réciprocité spécifique et, surtout, une réciprocité générale : «je fais cela pour toi sans attendre de ta part une contrepartie immédiate, mais je suis confiant qu'à l'occasion, quelqu'un me le rendra». Selon Putnam, *« une société caractérisée par la réciprocité généralisée est plus efficiente qu'une société méfiante, de la même façon que la monnaie est plus efficiente que le troc »*.

Bien que la valeur de ces concepts soit difficile à quantifier, le défi est encore plus grand lorsque l'on cherche à mesurer non seulement la quantité mais aussi la qualité du capital social à diverses échelles. La Banque mondiale encourage les

---

15 Bourdieu Pierre. Le capital social. In : *Actes de la recherche en sciences sociales*. Vol. 31, Janvier 1980. Le capital social. pp. 2-3.

16 "Social Capital in the Creation of Human Capital", *in Knowledge and Social Capital*, E. Lesser (ed.), University of Chicago Press, Chicago, 1988.

17 R. D. Putnam, *Making Democracy Work*, Princeton, Princeton University Press, 1993; S. S. Cohen et G. Fields, "Social Capital and Capital Gains or Virtual Bowling in Silicon Valley", Working Paper n? 132, Berkeley Roundtable on the International Economy, 1998.

spécialistes des sciences sociales à identifier des méthodes et des outils permettant de qualifier et de quantifier le capital social afin que les décideurs puissent prendre des décisions concernant des sujets tels que la pauvreté, le développement économique et la démocratie. Les mesures de confiance envers le gouvernement ou les relations interpersonnelles, les fortes tendances en matière de vote, l'adhésion à des organisations civiques et le volontariat contribuent tous à la prospérité d'une ville, d'un État ou d'une nation. John F. Helliwell et Robert D. Putnam[18] ont examiné le capital social en comparant le nord et le sud de l'Italie. Leurs recherches et leurs conclusions soutiennent les spécialistes des sciences sociales. Dans le nord de l'Italie, où des indicateurs tels que l'engagement civique, la participation électorale, le lectorat des journaux, l'adhésion à des organisations telles que les clubs de football ou la confiance envers les institutions publiques sont élevés, une amélioration significative de la gouvernance a été constatée par rapport aux difficultés rencontrées dans le sud de l'Italie, où ces indicateurs sont faibles, on constate un désengagement du gouvernement et des institutions nationales, régionales et locales. Dit simplement, rien ne peut remplacer la confiance, la communauté ou la réputation irréprochable lorsque l'on cherche à améliorer la probabilité de conclure une meilleure transaction et à prévenir les conflits. De pouvoir commencer par le constat d'existence d'intérêts communs et partagés par les parties facilite grandement l'entrée en dans les négociations. Dans ce contexte, les recherches de la Banque mondiale révèlent « de plus en plus de preuves selon lesquelles la cohésion sociale est essentielle à la prospérité économique des sociétés et au développement durable. Le capital social n'est pas simplement la somme des institutions qui sous-tendent une société, c'est le ciment qui les unit. »

Tout aussi important est savoir de former une main-d'œuvre qualifiée pour renforcer la compétitivité et atteindre la prospérité à long terme, en particulier dans le paysage dynamique actuel où l'intelligence artificielle, la robotique et d'autres nouvelles technologies redéfinissent constamment les défis que les gouvernements, les entreprises et la société en général, devront relever face à l'avenir. Le professeur Arturo Bris, directeur de l'IMD *World Competitiveness Center* affirme que, « la plupart des grandes économies mettent l'accent sur le développement à long terme en se concentrant sur l'investissement et le développement. Cet accent, cependant, va au-delà des aspects purement académiques

---

18   Helliwell, J. F., & Putnam, R. D. (1995). Economic growth and social capital in Italy. *Eastern economic journal*, 21(3), 295-307.

pour englober la mise en œuvre efficace de l'apprentissage et de la formation des employés. Une telle approche garantit un alignement cohérent entre l'offre et la demande de talents ». L'IMD World Competitiveness Center publie son *World Competitiveness Yearbook*. Il n'est pas surprenant de constater lors de sa lecture que les pays ayant une grande confiance interpersonnelle figurent parmi les 10 plus prospères au monde. Le bonheur est très élevé dans les pays nordiques. La Suède se situe à peu près au même niveau que la Norvège et la Finlande, mais après le Danemark dans le classement 2020.

Le paradigme de néo-gociation 4-10-10 est basé sur la confiance, le capital social, l'intégrité, l'élégance et l'éthique. Les néo-gociateurs que nous formons parviennent à des meilleurs accords en termes de valeur et avec un taux de réussite également plus élevé. Face aux tactiques de pouvoir négatives, les nouveaux négociateurs anticipent ce qui peut leur manquer. Max H. Bazerman et Michael D. Watkins[19] démontrent comment il est possible de minimiser les risques en comprenant et en abaissant des barrières politiques empêchant de prévoir certaines des manipulations. Ils décrivent également les puissants outils tels que les coalitions que les dirigeants d'entreprise ou publics peuvent utiliser pour contrer les menaces invisibles aux non-initiés. Il ne faut pas être naïf non plus. Il n'est pas inintéressant d'appliquer le vieux proverbe russe « Доверяй, но проверяй » qui veut dire « faites confiance mais vérifiez ». Sa parenté est attribuée à Vladimir Ilitch Oulianov dit Lénine mais son usage intensif est connu pour Ronald Reagan lors de ses négociations avec Mikhaïl Gorbatchev. Cet adage est depuis lors entré dans le lexique américain pour simplement signifier la mise en garde contre les surprises prévisibles. Les négociateurs doivent posséder la capacité (en dose raisonnable) de suspicion pour savoir vérifier la véracité des informations fournies par le partenaire lors de la préparation d'une néo-gociation 4-10-10. Dans notre technique, des informations précises sont essentielles pour identifier les intérêts, prendre des décisions, développer des options et concevoir des solutions élégantes à distribuer lors de notre étape de distribution de valeur.

La *Harvard Business Review* fait état du principe de « valeur partagée », qui consiste à « créer de la valeur économique couplée avec de la valeur sociétale ». La valeur partagée n'est pas nécessairement issue d'une démarche RSE ou d'une action philanthropique, mais elle devient une nouvelle norme pour réussir sur le plan économique. Un nombre croissant d'entreprises reconnues pour leurs

---

19 Watkins, M. D., & Bazerman, M. H. (2003). Predictable surprises: The disasters you should have seen coming. *Harvard business review, 81*(3), 72-85.

compétences en affaires et leurs réalisations telles que GE, Google, IBM, Intel, Johnson & Johnson, Nestlé, Unilever, Costco et Wal-Mart ont déjà entrepris des efforts importants pour créer de la valeur partagée en restructurant le performances et succès de leurs entreprises.

Dans nos cours sur le leadership intersectoriel, nous enseignons aux les chefs de gouvernement de demain de réglementer avec sagesse, de manière à permettre une valeur partagée plutôt que de la dissuader. La néo-gociation 4-10-10 consiste à écouter avec empathie pour aligner les intérêts, créer des options et inventer des solutions. Attribué parfois à Zénon de Cition et parfois considéré comme émanant de la culture chinoise ancestrale, on connaît tous la phrase suivante: « Nous avons deux oreilles et une bouche pour pouvoir écouter deux fois plus que nous ne parlons ». Peu importe l'origine et la source de cette sage recommandation; elle reste de loin l'un des meilleurs conseils que nous donnons nous-même à nos étudiants.

Nos collègues Janet et Robert Denhardt[20] commencent l'un de leurs articles par l'interjection simple suivante: « Ecoutez, écoutez, écoutez ». Le manque d'écoute attentive, sincère, réfléchie et totale est la cause d'un nombre incroyable de pannes organisationnelles. Par ailleurs, l'écoute réelle et active favorise la confiance, l'engagement et, par voie de conséquence, la productivité. Pratiquez ceci vous-même non seulement en entendant vos interlocuteurs mais en les écoutant vraiment. Encouragez les gens à s'écouter les uns les autres. Et, qui sait, les gens pourraient peut-être même se mettre à vous écouter (lol). Nous sommes d'accord. Les professeurs Denhardt concluent leur première leçon en prodiguant le conseil suivant: « Sympathisez, empathisez et passez à l'étape suivante ». Ces conseils s'inscrivent pleinement dans ce que nous recommandons comme pratique nous-même en néo-gociation 4-10-10. Comme nos collègues, nous considérons que le manque d'écoute empathique lors des étapes de préparation et de création de valeur de la technique décrite dans ce livre conduit à des occasions manquées de se créer de la valeur. Et le manque de valeur diminue la probabilité de conclure un accord valeureux.

En plus de l'écoute, nous pensons que l'intuition est un phénomène indispensable à maîtriser en néo-gociation 4-10-10. Ce que certains appellent les « instincts viscéraux » se forme à partir de nos expériences passées et des connaissances acquises au fil du temps. On peut développer ses capacités intuitives en

---

20 Denhardt, J. V., & Denhardt, R. B. (2015). The new public service revisited. *Public Administration Review, 75*(5), 664-672.

étant perspicace, attentif, soucieux du détail et curieux. En psychologie, l'intuition incarne parfois l'habileté à trouver des solutions rapides et efficaces aux problèmes, dont l'importance dans notre paradigme a été déjà été évoquée. Gary Kline[21], un pionnier dans le domaine de la prise de décision naturelle, a constaté que sous la pression du temps et par des conditions fluides, les experts utilisaient leur expérience de base pour identifier des situations similaires et pour [choisir] intuitivement des solutions réalisables. D'après notre expérience, nous estimons que les négociateurs intuitifs sont plus aptes à trouver et à négocier un meilleur accord. Steve Jobs a déclaré: « Ayez le courage de suivre votre cœur et votre intuition ». Même s'il l'avait dit dans le contexte de réalisation de soi devant le parterre de professeurs et de futurs diplômés d'Harvard, nous considérons que c'est tout aussi vrai en néo-gociation 4-10-10.

Enfin, le pouvoir de l'humour est bien sûr un excellent moyen pour captiver et rallier ses partenaires aux objectifs partagés et poursuivis en négociation. Nous enseignons à nos étudiants et stagiaires à saisir l'attention de leurs collègues lors de leurs présentations. Nous exigeons d'eux que leurs présentations soient précises et instructives, accompagnées d'exemples « parlants ». Certains appellent cela le charisme. Nous décrivons cela comme la capacité à éclairer la partie du cerveau qui rend les gens positifs et enthousiastes. Lorsque des participants à une négociation sourient, des études montrent que les résultats qu'ils obtiennent sont plus positifs.

Dans nos cours, nous pratiquons la narration d'histoires empreinte d'humour. Nous encourageons nos étudiants à se passionner pour leurs propres histoires et celles de leurs camarades. La passion montre que nous nous en soucions. Et quand on s'en soucie on écoute. Lorsque nous écoutons, nous découvrons les intérêts et les problèmes potentiels liés à ces intérêts. Quand on connaît les problèmes, alors seulement on peut inventer des solutions. Plus les solutions que nous inventons sont élégantes et collaboratives, plus les chances d'obtenir un accord sont grandes. Plus nous développons une solution élégante et collaborative plus les chances d'obtenir une meilleure offre sont élevées. Le paradigme de la néo-gociation 4-10-10 est axé sur la valeur ajoutée et le meilleur accord mutuellement possible.

---

21 Klein, G. (1998). Sources of Power: How People Make decisions MIT Press Cambridge MA.

5. La communication/Cognition

La capacité à transmettre des idées en résonance corrèle avec le cinquième élément de la néo-gociation 4-10-10, à savoir le pilotage des négociations grâce à une communication efficace. Les communications verbales, non verbales et écrites demeurent un élément très important de notre paradigme. Étant donné que nous nous concentrons sur le « pourquoi » en racontant une « histoire », les compétences en rédaction et en présentation d'idées sont primordiales pour un négociateur qui souhaite réussir. Les premières impressions comptent pour beaucoup et parfois les premières mauvaises impressions sont irréversibles. Les éléments de communication et de relation, dont nous parlerons plus loin, sont les deux des dix éléments qui ont des applications dans chacune des quatre étapes de la négociation (à savoir, préparation, création de valeur, distribution et implémentation de valeur).

Il est très important de se préparer en amont des négociations pour savoir comment communiquer ses propositions efficacement. Un néo-gociateur se renseigne sur l'identité et les caractéristiques de ses partenaires de négociation, comme le contexte/environnement, y compris la culture organisationnelle ou nationale prépondérante, les valeurs guidant les actions de ses partenaires, la connaissance fine des motivations qui ont mené aux décisions prises par ses partenaires lors des négociations précédentes, la connaissance des acteurs dans les réseaux d'influence actionnables et celle des styles de négociation déployés habituellement par ses partenaires. Par exemple, sur la base de notre propre expérience d'enseignement ou de coaching dans différents pays ou dans différentes cultures, nous constatons des différences et des tendances claires en matière de communication. Au Nigeria, les négociations descendantes sont la norme. En Chine, un facilitateur de confiance est préféré. En France, le statut social, le titre du poste et les diplômes apportent une différence substantielle dans le processus de négociation. En outre, le contexte politique ou l'image ne peuvent pas être ignorés dans la communication. La négociation avec un « maire du parti travailliste » pour une célébration de la Fête du travail au Brésil échouera probablement si le négociateur se présente avec un costume de designer, un attaché-case et une montre coûteuse au poignet. 80% de la communication étant non verbale, nous devons tenir compte de notre apparence, de nos manières et de nos gestes lors des négociations.

Etablir une communication « résonante » dès le premier instant est extrêmement important dans le processus de négociation. Et l'utilisation des moyens technologiques ne doit pas entraver ni diminuer la qualité de cette résonance. Les présentations visuelles et audio pour présenter des documents ou tout autre type de support doivent être professionnels et capter l'attention de l'auditoire. Nous entraînons nos étudiants pour qu'ils sachent intégrer ces critères de conception dans leurs présentations Powerpoint ou Prezi. Où positionner les logos de manière valorisante et cohérente? Comment gérer les images pour établir un fil conducteur de la présentation et pouvoir « raconter une histoire »? Comment ne pas surcharger les présentations en texte ou avec trop de chiffres? Comment choisir des palettes de couleurs agréables? Et surtout, comment dérouler le « pourquoi », le « quoi » et le « comment » du projet donné ou du contenu de la négociation, de manière globale et résonante.

Avez-vous déjà vu les enregistrements de la compétition inter universitaire « Ma thèse en 180 secondes[22] » ? Si ce n'est pas le cas, cela vaut le coup d'y faire un tour. C'est un concours international de vulgarisation scientifique ouvert aux doctorants francophones du monde entier, enregistré et disponible sur Youtube. Les doctorants doivent présenter leur sujet de recherche, en français et en termes simples, à un auditoire profane et diversifié. Chaque étudiant(e) doit faire, en trois minutes, un exposé clair, concis et néanmoins convaincant sur son projet de recherche. Inspirez-vous en entraînez-vous à essayer de capter l'attention de votre auditoire sur des sujets complexes de négociation que vous essayerez de simplifier et présenter avec une « histoire » pleine de paraboles et d'images parallèles... Vous verrez qu'on y prend goût puisqu'on se rend vite compte de la démultiplication de l'effet de ce type d'expression sur la cible.

Pour persuader, il faut avoir un bon argumentaire, s'appuyer sur une logique solide, mettre l'emphase sur les points positifs et savoir s'affirmer de manière calme et appropriée. Pour savoir négocier, il faut savoir écouter, savoir trouver une entente bénéfique pour tous, établir la confiance, avoir un langage corporel qui prône l'ouverture et savoir user de compromis. La cohérence et l'engagement que vous réussirez ainsi communiquer, renforceront la confiance de votre partenaire en négociation. Nous avons précédemment discuté de la confiance dans le contexte de la construction du capital social et de l'importance du capital social dans l'amélioration de notre capacité à effectuer des transactions. En néo-gociation 4-10-10, rien ne vaut le succès d'un accord conclu, qui influence le prochain.

---

22   https://mt180.fr/

Les leaders publics disent souvent que la mise en œuvre d'un premier accord réussie est primordiale pour dix autres qui y suivront! Dans le contexte d'une prise de conscience écologique grandissante, la restauration de la continuité écologique est un bon exemple de l'importance de réussite sur un projet-modèle qui donne le la pour les suivants: s'il est raté, d'autres ne verront probablement pas le jour et s'il est réussi, les conflits entre les politiques environnementales mises en place par l'Etat et les acteurs locaux hétérogènes, diminueront. Outre les enjeux de pollution et de gestion des niveaux d'eau, les barrages et les seuils constituent un motif de conflictualité important. La suppression du barrage de Kernansquillec sur le Léguer en 1996 a été la première suppression de barrages réussie à l'échelle européenne. L'Association de la vallée de Léguer a su mener une négociation très habile avec tous les acteurs politiques, économiques et associatifs concernés et elle a pu conserver la mémoire industrielle à travers la réhabilitation des vestiges du barrage et des papeteries, déployer un projet artistique impliquant les habitants lors de la transformation et créer un site Natura 2000, alors que ce projet a été initié pour des raisons de sécurité, suite à une grande crue en 1995.

La diplomatie douce et l'élégance morale font partie des sujets de recherche menée par Yann lors de ces études postdoctorales à l'Université d'Harvard. Cette recherche et la revue systémique de la littérature sur la communication efficace au cours des négociations ont permis à Yann de proposer un guide des meilleures pratiques.

Une bonne communication est primordiale pour « raconter l'histoire », décrire les intérêts, trouver et appliquer des solutions et même pour déterminer l'hypothèse du problème ou le sujet de la négociation. Une mauvaise communication sur l'hypothèse de problème à résoudre peut s'avérer fatale pour la qualité du processus et *à fortiori* pour le résultat d'une négociation. En d'autres termes, comment pouvons-nous résoudre un problème si nous ne sommes même pas d'accord sur sa définition?

La bonne définition du « quoi » est importante pour deux raisons ; elle permet de définir les intérêts des parties de manière explicite et de « personnaliser » et adapter la formulation des options. Le besoin d'un producteur de jus d'orange flash pasteurisé est différent de celui d'un boulanger qui confectionne des orangettes. L'un a besoin de la pulpe, l'autre de l'écorce. Une approche collaborative entre les deux artisans pour acheter les oranges ensemble et pour se les partager, peut générer des avantages économiques substantiels pour les deux parties. La création de valeur réside dans l'alignement des intérêts, des préférences et des options pour obtenir un accord optimal. La maîtrise de l'étymologie et de l'épistémologie sont essentielles à une communication efficace. En néo-gociation 4-10-10, nous recourons à la gestion de connaissances par cadrage comme un moyen de réduire l'écart entre information et perception, ce qui est une source de désaccord. Nous préconisons la résolution des différences de manière élégante. Le néo-gociateur averti, empathique et élégant dira par exemple « voici comment je perçois votre problème. Si je me trompe, je vous remercie de bien vouloir m'aider à mieux comprendre sa substance, s'il vous plaît ». Cette déclaration est perçue par l'autre partie comme authentique, honnête et véridique. Il s'agit d'enquêtes conjointes et non de persuasion ou de plaidoyer. L'exercice vise à réduire l'écart entre la perception et la réalité, l'écart de perception des risques, afin que les deux parties disposent de données précises pour élaborer des options et résoudre des problèmes. Personne ne bénéficie d'un accord construit sur une fausse prémisse ou de mauvaises décisions. C'est là que les éléments d'une bonne prise de décision, tels qu'exprimés par notre collègue le professeur Abbas, prennent leur importance.

6. La relation

Le sixième élément dans notre technique de néo-gociation 4-10-10 est la relation. Nous y incluons bien évidemment des personnes assises autour de la table de négociation mais aussi des personnes pouvant influer sur le résultat de la négociation. Ce concept multidimensionnel de la relation est très important à saisir pour les professionnels de l'administration publique, afin qu'ils sachent nouer et cultiver des contacts fertiles qui permettent de capter la valeur éloignée de prime à bord de la sphère d'influence des acteurs principaux d'une négociation. Pour constituer une liste complète de parties prenantes dans le but de développer les relations et les données nécessaires aux négociations, nous vous proposons les stratégies suivantes:

a. Impliquez le plus tôt possible les parties prenantes internes, à savoir les employés d'instances/institutions d'administration publiques concernées, dans le processus et ceci le plus souvent possible. Ce sont des professionnels avec des ressources étonnantes. Plus ils se sentent impliqués, plus ils sont investis dans l'idée et plus ils sont susceptibles d'être en accord avec l'orientation de la négociation future. En outre, plus tôt ils sont impliqués, plus tôt vous pourrez répondre à leurs besoins et préoccupations plutôt que de les découvrir tard dans le processus. Ce sont des personnes responsables de l'exécution des décisions politiques que vous avez prises.

b. Définissez les mesures et les attentes appropriées avant le début des travaux pour la préparation de la négociation. Des orientations claires, des paramètres et des attentes raisonnables créent la confiance et augmentent les chances de réussite.

c. Identifiez le personnel clé pour constituer une équipe, mais n'ignorez pas le reste. Il est essentiel de reconnaître les « agendas », les objectifs et les attentes de chacun, tout en veillant à inclure le personnel à tous les niveaux. Répondre aux besoins du personnel aide à prendre l'élan de la base au sommet et nous permet de faire face aux préoccupations potentielles dans toutes les directions pendant notre préparation.

d. Racontez des histoires et parcourez des scénarios lors de la présentation de politiques ou de projets. Les histoires apportent une signification et une valeur au-delà de la manière dont les politiques ou les projets apparaissent en surface. Les récits nous aident à établir une connexion avec notre personnel sur les plans analytique et émotionnel et peuvent être très efficaces non seulement dans notre préparation, mais également dans les étapes de création et de distribution de la valeur en néo-gociation 4-10-10.

e. Formulez le compromis si nécessaire. Chaque fois que quelqu'un remet en question l'approche ou suggère une autre façon de faire les choses, soyez prêt à expliquer avec élégance les compromis et les effets qu'ils auront sur le résultat recherché. Par exemple, alors que quelque chose peut être moins cher et plus facile à construire, une augmentation des problèmes de convivialité peut finalement affecter la conversation en général. La rétroaction n'est pas toujours un compromis négatif. Souvent, les commentaires des parties prenantes peuvent générer des gains bénéfiques pour l'expérience utilisateur et le succès du produit. Embrasser les options.

f. Reliez les idées et les politiques ou projets aux besoins des parties prenantes. Lors de la présentation de politiques ou de projets, gardez à l'esprit le point de vue des parties prenantes ou des mandants en général. Ce sont des personnes qui seront touchées par la décision. Ce sont également des personnes qui ont un intérêt émotionnel ou relationnel dans les services générés par le travail des professionnels de l'administration publique.

g. Soutenez les politiques ou projets avec des données objectives chaque fois que ce soit possible pour réduire la subjectivité des discutions. Les politiques ou les projets doivent être influencés (pas nécessairement « pilotés ») par les données. Bien que tout ne puisse pas être influencé par les données, il peut être très utile de pouvoir se référer aux recherches qualitatives et quantitatives qui ont contribué à influencer l'approche afin de réduire les opinions subjectives lors des discussions sur les politiques ou les projets.

h. Parlez leur langue. Cela vous aidera à vous connecter avec votre public de parties prenantes et aidera les parties prenantes à se concentrer sur ce qui est vraiment important. En fin de compte, il est important de renforcer les compétences, les relations et la confiance et s'approprier les techniques de la programmation neurolinguistique (PNL). La PNL est une boîte à outils, dont la clé réside dans le langage et l'utilisation que chacun de nous fait de ses cinq sens et de son corps. Elle a défini un concept baptisé rapport. Deux personnes sont en rapport quand s'est établie entre elles une relation de respect, de compréhension, de complicité et d'affinité, condition idéale pour favoriser toutes sortes d'échanges et de communications. S'il ne se crée pas de façon spontanée, le rapport peut être facilité par une série de moyens que chacun d'entre nous peut facilement expérimenter ou qui ont pu être utilisés de façon plus ou moins consciente. Qu'il s'agisse de la manière de se tenir, du rythme respiratoire, du vocabulaire ou des images employées, sans oublier le volume de la voix, l'important est de créer et de faire ressortir les ressemblances en laissant de côté les différences.

i. Ne soyez pas trop sur la défensive ou ne laissez pas la fierté vous gêner. Les parties prenantes offrent une perspective très importante et leurs points de vue sont essentiels au succès du projet. Si les réactions sont critiques sans être constructives, c'est en général parce qu'il est difficile d'exprimer ce qui ne va pas, sur une politique ou des projets. Écoutez activement tous les commentaires et essayez de vous concentrer sur les véritables problèmes plutôt que de toujours sauter pour défendre une position établie. Ceux d'entre nous qui occupons des fonctions publiques connaissent très bien l'embarras que nous ressentons quand une position que nous défendons est détruite par les faits et les chiffres lors d'un processus d'audience publique par des citoyens ordinaires. Retour à la leçon des professeurs Denhardt «Écoutez, écoutez, écoutez.»

j. Communiquez bien. Il peut être préférable de présenter des diagrammes et des scénarimages pour aider à visualiser des idées et à raconter une histoire plus grande.

k. Proposez des méthodes pour tester différentes approches lorsque le consensus ne peut pas être atteint. Une médiation informelle peut aider les parties prenantes à sortir de l'impasse. Plus vous avez d'options, plus vous avez de chances de régler ou d'atteindre les résultats souhaités.

l. Munissez-vous des connaissances sur les problèmes techniques liés aux sujets de négociation. Consultez des experts techniques aussi souvent que nécessaire, car les erreurs techniques sont faciles à commettre mais difficiles à corriger une fois la négociation en cours. Ce sont des personnes qui ont les connaissances ou les informations nécessaires pour que vous puissiez prendre de bonnes décisions politiques. Permettez-leur de vous aider.

m. Engagez les personnes dont les différentes façons de penser ou de travailler que la vôtre, vous apporteront des idées novatrices ou vont challenger vos points de vue. Ceci sera bénéfique au processus et à l'élaboration des politiques publiques. « Pensez différemment », a déclaré Steve Jobs. L'une de règles d'or de Jobs était de ne pas avoir peur de se cannibaliser soi-même: « si vous ne vous le faites pas, quelqu'un d'autre le fera à votre place ». Vous êtes un baby-boomer ou fier représentant de la génération X? Alors pensez à vous entourer des personnes issues des générations Y et Z!

7. La conformité à la règle de droit

L'état de droit « borde » les négociations et fonctionne parfois comme un facilitateur ou au contraire, comme un « gendarme ». La connaissance fine des lois actuelles et de leurs amendements en cours de préparation ou en train d'être débattues au parlement, donne aux négociateurs un avantage stratégique. Cette connaissance et la compréhension des implications des lois peuvent faciliter les négociations en permettant aux dirigeants publics de définir leurs intérêts juridiques, afin de disposer de meilleures options et solutions dans les limites du droit.

Par exemple, même en supposant que la réforme du système des retraites soit nécessaire à cause de sa non-soutenabilité à l'état actuel, la loi peut interdire la réduction des prestations précédemment négociées et acquises pour cause de pénibilité. La conformité légale, y compris le pouvoir de contracter, a un impact direct sur la crédibilité ou non d'un professionnel de l'administration publique. Il vaut mieux savoir d'emblée si l'objet de négociation est juridiquement réalisable. Par conséquent, la consultation d'un avocat est nécessaire pour un dirigeant public au cours de la phase de préparation et finalement de la phase de mise en œuvre ou de suivi de la négociation.

Irena, lorsqu'elle a siégé au conseil municipal d'une ville bretonne en tant qu'élue d'opposition, a été alerté par une association citoyenne environnementaliste que la majorité préparait un projet immobilier titanesque qui devait complètement modifier l'aspect du centre-ville: les arbres centenaires devaient être coupés et l'ancienne école « de garçons » rasée, pour laisser la place à une « agora » vide et minérale. Les pavés prévus à être installés sur cette grande place, étaient d'origine chinoise; le comble pour la Bretagne qui est un pays de voiles mais aussi de granit! L'association a alerté l'opinion des habitants et la pétition déposée en mairie portait la signature de 1500 personnes adultes, c'est-à-dire 50% de la population locale. Le maire en était surpris mais fort de ses trois mandats aux commandes de la ville, il restait « droit dans ses bottes ». Ce qui a sauvé les arbres et le bâtiment historique, était la connaissance des lois en vigueur par certains membres de l'association sur la protection des espèces animales protégées. En effet, les hirondelles nichaient dans les combles de l'ancienne école. Si le maire faisait abattre le bâtiment, il était dans l'obligation légale d'ériger les nichoirs artificiels à la place. Imaginez-vous des poteaux métalliques en plein milieu d'un espace autrement vide pavé... c'est très laid, n'est-ce pas ? De plus, les nichoirs en question sont couteux et il aurait fallu en installer au minimum cinq pour satisfaire la règlementation. Ainsi, les habitants de cette ville peuvent aujourd'hui être reconnaissants aux hirondelles et aux membres de l'association locale d'avoir permis de sauvegarder la beauté et le caractère unique de cette bourgade.

Nous proposons ici une mise en garde sur ce que nous entendons généralement par l'utilisation du mot « légalement ». Nous entendons par là clairement le respect scrupuleux non seulement de la loi, mais également le respect des coutumes, des conventions et des attentes des populations locales. Dans le domaine public, le respect de ces coutumes et attentes doit faire partie de l'étape de préparation et de mise en œuvre des négociations. Dans nos cours d'éthique ou de leadership, nous considérons que le respect de la loi permet de déterminer le seuil minimal d'exigence. L'octroi d'un contrat à la société d'un ami dans lequel le dirigeant public n'a aucun intérêt financier peut être légal mais pas nécessairement acceptable pour les mandants de ce dirigeant public aux États-Unis. Et bien sûr, le contexte social ou politique spécifique peut modifier les agissements des acteurs du domaine public à cause des perceptions différenciées de ce qui y représentent des interactions normales ou légalement acceptables par rapport à celles qui ne le sont pas. Par exemple, ce qui peut constituer un cas de harcèlement sexuel aux États-Unis, peut être culturellement et légalement acceptable en Europe. Par conséquent, un professionnel de l'administration publique avisé prendra l'avis des avocats lors des préparations des négociations pour connaître les implications des options qui se proposent à lui pour résoudre un problème ou pour introduire des nouvelles mesures modifiant le statut quo dans l'organisation de la vie communautaire. La préparation peut également concerner l'évaluation des lois en termes de risques potentiels, besoins d'investissements ou de la nécessité d'interventions/lobbying pour renforcer ou aider à faire modifier la législation. Yann a conseillé plusieurs dirigeants d'entreprises publiques étrangères qui souhaitaient entrer sur le marché brésilien. Il a permis aux dirigeants de ces entreprises de réaliser à quel point les lois du travail, de la sécurité sociale et de la législation fiscale différaient de celles en vigueur sur le marché domestique. Le droit et les coutumes concernant l'intérêt personnel, les conflits, les tribunaux et le temps nécessaire pour résoudre les différends peuvent également revêtir une grande importance pendant la préparation d'une décision managériale d'envergure.

Les industries avec des lobbies puissants façonnent les lois à leur avantage pour négocier de meilleures offres. On sait que de grandes entreprises, ainsi que des syndicats, utilisent le lobbying de manière très efficace. Il ne nous appartient pas de juger cet outil d'influence. Au risque de vous choquer, nous sommes en faveur d'utilisation de la connaissance d'un projet de loi comme levier de décision dans une négociation pour la faire basculer dans un rapport gagnant / gagnant. Enfin et surtout, la conformité légale assure l'intégrité du processus de la négociation. Le respect de la loi est un gage de rigueur et de discipline. L'intégrité légale façonne et forge la réputation irréprochable d'un(e) professionnel(le) de l'administration publique. Cette réputation crée la confiance et facilite les relations entre les parties. Elle supprime d'emblée les tentations de la corruption.

Le huitième élément de la néo-gociation 4-10-10 consiste dans l'établissement de ce que nous appellerons ici les « normes ». La vaste majorité des administrateurs publics sont des généralistes qui maîtrisent des aspects généraux relatives aux politiques publiques. Bien que la plupart des législateurs américains fédéraux soient des avocats de profession, ce n'est pas nécessairement le cas dans l'administration locale. Certains maires et membres dans du conseil possèdent également une formation juridique, mais ils sont avant tout des membres respectés de leurs communautés, élus en tant personnes compétentes, fiables et présentant un projet de développement apprécié par les administrés. Les dirigeants publics au niveau local sont des issus de la société civile et exercent des métiers très variés. Dans la plupart des cas, ils s'appuient sur un corps d'experts pour orienter leurs décisions en matière de politique et d'administration, en respectant un ensemble de normes. Quelles sont-elles?

8. Les normes/Standards

Les professionnels de l'administration publique se doivent de connaître les études de marché qui donnent les clés de compréhension de l'évolution des comportements sociétaux et économiques. Dans le secteur financier, les indices boursiers incitent tous les types d'investisseurs à participer à l'économie globale. Par exemple, aux États-Unis, L'indice *Dow Jones Industrial Average*, le *New York Stock Exchange*, le *Standard and Poor Financial*, le *Wilshire 5000*, le *Russell 2000* et le *Nasdaq 100* sont des exemples d'indices réputés et utilisés aux Etats-Unis.

Ces guides et indices sont utilisés comme supports lors de négociations portant sur les marchés qu'ils représentent, y compris publics. La norme de libre compétition et du marché fournit des outils puissants aux néo-gociateurs, car elle contribue à la définition du « quoi » et du « comment ». Elle garantit l'équité et la neutralité de l'ancrage des négociations sur la base de données publiques reconnues et respectées par toutes les parties prenantes. De plus, cette norme est également extrêmement utile pour certains types de néo-gociateurs. Il existe des normes culturelle, des standards techniques, comptables, de prix de marché, toutes sortes d'informations neutres qui permettent de construire la crédibilité. Un Contrôleur, par exemple, trouvera clairement du réconfort dans ces normes. Au contraire, un Visionnaire cherchera à s'en affranchir et à les dissimuler à ses partenaires. A la recherche des solutions inédites et en rien correspondantes aux normes établies.

Les normes de comptabilité et de gestion

Les normes de comptabilité et de gestion sont également essentielles en néo-gociation 4-10-10. La comptabilité n'est pas une science parfaite, car différents résultats peuvent être obtenus en fonction de qui et de ce que fait la comptabilité (on dit souvent qu'on peut tout faire dire aux chiffres, n'est-ce pas?). Les gouvernements ont généralement adopté comme norme ce que nous appelons les principes comptables généralement reconnus. Aux États-Unis, l'expression «principes comptables généralement reconnus» (ou «PCGR») comprend les principes comptables de base, ainsi que des règles et normes détaillées établies par l'organisme fédéral chargé de réglementer le secteur. Les PCGR sont extrêmement utiles car ils tentent de normaliser et de réglementer les définitions comptables, les hypothèses et les méthodes permettant d'assurer la cohérence d'un exercice comptable à l'autre dans les méthodes utilisées pour préparer les états financiers d'une société ouverte. Les PCGR sont également utiles dans ce contexte pour établir la confiance entre différentes entités, qu'elles soient publiques ou privées.

Les normes de gestion du XXIe siècle concernent la collecte, le traitement et la distribution de données Les aides à la décision technologiques puissantes permettent de plus en plus de gérer, contrôler, influencer et faciliter les négociations. Les GAFAM collectent, analysent et utilisent les données de leurs utilisateurs pour personnaliser leurs produits et services pour « coller » aux besoins et envies de ces mêmes personnes. Le patron de Facebook a été obligé d'admettre au printemps 2020 que certaines de ces analyses ont été adaptés par certains partis politiques pour les besoins électoraux.

En néo-gociation 4-10-10, l'appropriation intelligente des outils technologiques et des normes de comptabilité et de gestion, offre d'étonnantes opportunités analytiques et pratiques. Nous vous recommandons vivement de s'en familiariser pour rajouter la valeur de cette compétence à toute négociation nécessitant de l'ancrer grâce aux données considérées par toutes les parties prenantes comme fiables. Hélas, assez souvent les ressources publiques disponibles restent inexploitées par les professionnels de l'administration publique et par les entreprises dans la préparation de leurs négociations. Irena s'étonne souvent que peu de Bretons, qu'ils soient actifs dans le domaine public ou privé, savent qu'ils ont à leur disposition un bureau dont le seul objectif est de les aider dans leurs recherches sur les politiques communautaires à Bruxelles.

Dans le domaine public, les données sont abondantes, la plupart de temps gratuites, offrant d'incroyables possibilités de collaboration et de meilleure transaction.

Frank a mis en évidence plusieurs innovations collaboratives qui deviennent des normes en matière de gestion des municipalités et des gouvernements dans un article co-écrit avec l'un de ses doctorants. Parmi leurs exemples, citons *Code for America* (CfA), une association à but non lucratif qui a aidé la ville de la Nouvelle-Orléans à identifier les propriétés dévastées par le feu après l'ouragan Katrina. Utilisation des données de la ville avec un outil technologique SIG sophistiqué, CfA a créé un outil de suivi de la restauration pour 35 000 propriétés abandonnées. Ou alors l'exemple d'Accela, une organisation à but lucratif, a créé *Civic Insights* afin de concevoir un nouveau moyen de visualiser le processus de délivrance de permis d'utilisation des sols de Palo Alto afin de le rendre plus facile et plus transparent pour les demandeurs. Tumml, une organisation à but non lucratif, est un accélérateur de startups qui aide les entreprises en phase de démarrage à « développer de nouveaux produits et services qui améliorent la vie en ville en mettant en contact les entrepreneurs avec du financement, des mentors, des responsables civiques et une communauté de personnes vouées au bien civique ». Il comprend la création de partenariats avec des travailleurs qualifiés du secteur pour former un groupe appelé *WorkHands*, qui compte désormais plus de 10 000 utilisateurs enregistrés, qui utilisent le service pour trouver du travail en ligne. Cette norme de gestion basée sur les données et la technologie est largement utilisée pour permettre, l'objectivité, la collaboration, l'équité et la neutralité, aspects très précieux à la néo-gociation 4-10-10.

L'harmonisation de normes de comptabilité et de gestion est inévitable et même primordiale lors des négociations interculturelles. Certaines fusions et acquisitions internationales se heurtent aux problèmes de compréhension différenciée de ce qui est « normal » et il est très important de les prévenir. Comme l'ont expliqué déjà Fisher et Ury dans *Getting to Yes*[23] il y a presque quarante ans, l'objectif essentiel pour résoudre ce type de conflits latents est de mettre l'accent sur l'objectivité et l'adaptation d'une norme juste, équitable, déterminée et légale. Certaines activités comme par exemple la fabrication de jouets ou la logistique des composants électroniques sont hautement réglementées. Ou alors, le fait de ne pas connaître les normes d'émission, édictées dans les règlements concernant la gestion de la qualité de l'air pour une usine de produits chimiques ou une raffinerie, peut affecter considérablement les négociations sur l'implantation d'une usine dans une municipalité donnée. En bref, la collecte de données, leur distribution, la création de modèles, de procédures et de normes aident à concevoir une stratégie de néo-gociation 4-10-10 et instaurent également un climat de confiance. Ils aident également à concevoir des options élégantes et informées pour négocier de meilleures offres.

9. Les concessions

L'approche la plus commune dans les négociations conventionnelles est la négociation basée sur des positions établies et défendues, un peu comme le bon vieux «marchandage de tapis» au bazar oriental. Le propriétaire du magasin y vante la qualité d'un produit au client avec un prix élevé en s'attendant à ce que le client s'en offusque et propose de payer un prix considérablement réduit. Après une série de concessions, ZOPA est ramené au prix convenu ou le client passe au prochain commerçant, qui représente la MESORE. Ce type de négociation est universellement connu, utilisé fréquemment, ne nécessite que très peu de préparation. La négociation basée sur des positions est prédisposée pour être gagnante / perdante. L'approche est compétitive, un peu comme le bras de fer qui se concentre sur les conflits plutôt que sur les opportunités nouvelles, qui seraient nées d'une approche collaborative. Il s'agit d'une vision court-termiste et certainement intenable dans les négociations multilatérales, en particulier dans le secteur public. Peut-être la plus importante de ses faiblesses est son

---

23   Fisher, R., Ury, W. L., & Patton, B. (2011). *Getting to yes: Negotiating agreement without giving in.* Penguin.

manque de création d'intérêts partagés et d'exploration des options plus nombreuses et de meilleure qualité, ou d'examiner le « pourquoi » de la création de valeur plus conséquente et long-terme.

En outre, tous les avantages de la collaboration, de la créativité et de l'engagement envers les données partagées, les normes ou les opportunités de maximisation de valeur, sont absentes dans une négociation basée sur des positions. Les positions mènent une sorte de guerre de tranchées, favorisant l'utilisation de toutes les mauvaises pratiques telles que la tactique du salami, le bon et mauvais gendarme ou le bluff. La négociation sur la base des positions établies au préalable a tendance à produire des résultats arbitraires en « coupant en deux la poire » ou en définissant ce que l'on pourrait appeler une perte. Et avouant le, il est très délicat pour un dirigeant public d'expliquer à sa circonscription pourquoi il a accepté de négocier un accord à perte.

Le paradigme de néo-gociation 4-10-10 envisage que des concessions mutuelles basées sur la pluralité des options soient créées à la suite d'intérêts examinés dans le processus. Mais il faut savoir que ces concessions ne surviennent qu'au stade de la distribution de la valeur, qui consiste à transformer l'ensemble d'options créées sans engagement au cours de la phase de création de la valeur, en une série de concessions mutuelles que les deux parties sont disposées à adopter. L'étape de la distribution de la valeur est le moment critique où les négociateurs évaluent ensemble toutes les options possibles et ensuite ancrent le prix mutuellement acceptable, soutenable et solidaire. À ce stade du processus de néo-gociation 4-10-10, les parties prenantes avisées ont établi une relation de confiance et prouvé leur bonne foi et envie d'attendre un accord objectif, équitable et crédible. Ce n'est qu'alors qu'ils sont en mesure de coconstruire une longue liste d'options équilibrées. Les options construites dans l'étape de création de valeur deviennent des concessions dans l'étape de distribution de valeur. Vous l'aurez compris; les néo-gociateurs utilisent des concessions pour établir un cadre gagnant/gagnant synergétique et intégratif.

10. Le Temps

« La patience et le temps font plus que la force ou la passion. »

Jean de la Fontaine

« Si vous n'avez pas le temps de le faire correctement, quand aurez-vous le temps de le faire? »

John Wooden

« Il n'y a pas de secrets que le temps ne révèle pas. »

Jean Racine

Le dernier élément, mais non le moindre, de notre paradigme de néo-gocia-tion 4-10-10 est le temps. Le temps est connu pour être l'une des principales sources de conflit en négociation. Et pourtant, le temps est souvent largement sous-évalué dans le processus de négociation. Dans les négociations basées sur des positions établies au préalable, qui sont réputées pour être lentes et inef-ficaces, le temps est utilisé comme pour faire les plus petites concessions afin de frustrer, de dominer et de forcer son adversaire à l'usure dans une relation gagnant / perdant, voire perdant / perdant. Il a été prouvé qu'une approche plus collaborative, utilisant le temps à bon escient, génère des résultats d'une valeur supérieure. L'une des premières publications qui articule cette approche est «Getting to YES», que nous avons cité précédemment. Roger Fisher, William Ury et Bruce Patton y expliquent clairement qu'il faut de séparer les personnes (et les relations interpersonnelles) des problèmes, afin de se concentrer sur les intérêts afin d' « inventer » des solutions aux problèmes en utilisant des critères objectifs avec la vision partagée de gain mutuel. À ce jour, de nombreux cher-cheurs continuent à développer cette méthode, y compris plusieurs chercheurs qui ont travaillé avec Yann sur le développement du paradigme de la néo-go-ciation 4-10-10. Dans ce paradigme, le temps est surtout utilisé pour élaborer la vision ou le « pourquoi ». Lors d'une discussion des intérêts afin de pouvoir créer des options élégantes et créatives. Cette approche collaborative retarde l'instant de prise d'engagements ou d'acceptation des concessions formelles dans la partie finale du processus. Il faut du temps pour développer le capital social d'une relation afin d'explorer des options mutuellement bénéfiques pour créer et distribuer de la valeur. Et même si la création et la distribution de valeur peuvent créer collatéralement des tensions, des études menées par Robert Mnookin montrent que, dans un processus collaboratif, les néo-médiateurs tra-vaillent ensemble sur la « divulgation graduelle et réciproque des intérêts, en réfléchissant à des options sans engagement ». Nous ne soulignerons pas assez l'importance du temps dédié à la préparation, en amont d'une négociation. Cette préparation longue et minutieuse génère un grand confort lors de la discussion des intérêts et création des options sans que les parties s'y engagent. Cette étape de « remue-ménages » exige également d'y passer le temps nécessaire pour « épuiser » les sujets et les options. Ainsi, en débats d'affaires publiques, les professionnels disposent d'une liste bien équilibrée d'options prêtes à être engagées dans le processus de distribution de valeur.

Vous l'aurez compris - le temps est une épée à double tranchant. D'un côté, il est nécessaire de mettre en œuvre en temps utile la conclusion et la conclusion de l'accord. De l'autre, l'impression de tourner en rond et de perdre du temps peut mettre en péril la crédibilité des négociateurs et des entités qu'ils représentent. Par conséquent, les durées et les laps de temps entre les différentes étapes de néo-gociation 4-10-10 doivent être définies pour suivre et créer des occasions de se rencontrer et de discuter de la mise en œuvre autant que possible. De plus, il a été prouvé que des contacts humains réguliers renforcent les relations et la confiance entre les parties lors des négociations.

Les réunions planifiées avec les « livrables » mais sans délais fixe, favorisent la responsabilisation et la collaboration. Même s'il existe un risque de baisse de productivité, nous savons que la probabilité de conclure un accord est plus grande en l'absence de délai. Nous savons également que la valeur de l'accord tend à être plus grande quand il n'y a pas de date limite, car le processus de collaboration facilite la transaction. Enfin, le temps doit être évalué dans le contexte culturel local usuel. Certaines cultures apprécient et s'attendent à disposer de plus de temps pour établir une relation avant de traiter le cœur du sujet, tandis que d'autres estiment ne pas avoir de temps à perdre et que le temps de négociation doit être dédié uniquement à « parler affaire ». On pourra parler de temps long et temps court, incertitude dans le présent (proposer des contingences: si X... alors X, si Y se produit, alors Y sera décidé), avec ou sans deadline/délais. Un département est plus rapide que l'autre : faciliter la synchronisation ou l'indulgence.

Voici quelques suggestions sur le traitement du temps en tant qu'élément important du processus de néo-gociation 4-10-10 :

Soyez patient.
Soyez rapide seulement s'il y a un avantage gagnant / gagnant en vitesse.
Soyez ouvert aux dates limites mobiles sans abuser de cette pratique.
Soyez ponctuel.

La mise en œuvre

«Une bonne idée représente environ dix pour cent d'une affaire. Sa mise en œuvre et la chance représentent les 90% restants.»

Guy Kawasaki

La 4ème étape du processus de néo-gociation 4-10-10 est la mise en œuvre. La mise en œuvre est tout simplement définie comme « le processus de mise en œuvre d'une décision ou l'exécution d'un plan » ou, comme l'appelle le professeur Salacus, « la mise en œuvre de ce que les négociateurs ont convenu à la table de négociation ». L'histoire est pleine de négociations difficiles qui ont échoué à cette étape. Les plus cités sont peut-être les Accords d'Oslo de 1993 qui ont négocié avec un certain succès la paix entre Israël et la Palestine, mais ont échoué dans leur mise en œuvre. Selon ces définitions, les processus de mise en œuvre ont un « objectif ». Ils doivent être décrits avec suffisamment de détails pour que des observateurs indépendants puissent s'exécuter sans difficulté. Dans notre processus de néo-gociation 4-10-10, la mise en œuvre fait référence à la réalisation des options distribuées convenues lors de notre troisième étape de distribution de valeur.

Les options élégantes même les plus équilibrées et maximisant la valeur d'un accord qui ne seraient pas mises en œuvre, ne resteront que cela: des options élégantes. Les néo-gociateurs doivent agir à la fois comme décideurs et négociateurs. Les dirigeants publics sont élus pour être responsables et acteurs en charge de la communauté dont ils ont la charge. Ils doivent avoir la finalité en tête lors de chaque négociation, savoir soulever les problèmes tôt, définir une stratégie de communication commune entre toutes les parties prenantes et, plus important encore, faire de la mise en œuvre une responsabilité partagée par tous les participants à la négociation.

CHAPITRE 7

ÉVALUATION DE LA NÉO-GOCIATION 4-10-10, UNE FOIS TERMINÉE

« La plupart des gens consacrent plus de temps et d'énergie à résoudre des problèmes que d'essayer de les résoudre. »

Henry Ford

Notre paradigme de néo-gociation 4-10-10 ne vous sera d'aucune utilité si vous n'êtes pas en mesure de mettre en œuvre ce que vous avez négocié. Nous avons donc créé des critères/indicateurs en 10 étapes pour pouvoir évaluer la qualité du processus de négociation et compléter notre technique 4-10-10 pour néo-gociation 4-10-10, que nous détaillons ci-après sous forme de questionnement. Mais bien sûr, en fin de compte, c'est à vous de vous faire votre propre checklist post-négociation qui vous permettra de progresser dans l'art et la manière de néo-gocier dans le secteur public !

A. SATISFACTION ET OPTIMISATION

Conclure un accord est déjà un succès, étant donné que seulement 30% de toutes les négociations aboutissent à un accord. Et même notre paradigme de néo-gociation 4-10-10 améliore de façon enthousiasmante ce pourcentage, nous cherchons toujours à améliorer la valeur des accords atteints. Par conséquent, nous vous recommandons de vous poser des bonnes questions qui vous permettront d'évaluer la qualité du processus et du résultat de vos efforts. Est-ce qu'il s'agit d'un accord gagnant/gagnant? Chaque étape de la négociation, a-t-elle était efficace? Qu'auriez-vous pu faire pour optimiser celles qui ne l'étaient pas? Y a-t-il des regrets? Si oui, lesquels (listez-les et essayez d'y trouver des causes subjacentes et les façons de les éviter la fois suivante). Une préparation supplémentaire aurait été utile pour augmenter la valeur de l'accord obtenu? Quelles données supplémentaires vous y auraient aidé? Ou alors auriez-plus apprécié de pouvoir bénéficier d'aide d'experts et si oui, de quel type? Est-ce que les intérêts de toutes les parties prenantes ont été traités à la hauteur des attentes de celles-ci ? Est-ce les MESOREs qui ont joué correctement leur rôle de levier? Est-ce que l'étape de la distribution de valeur a été correctement préparée lors des étapes précédentes pour permettre d'atteindre un accord mutuellement apprécié, solidaire et soutenable dans le temps? Est-ce que les étapes de la mise en œuvre de l'accord sont clairement énoncées?

B. RATIONALITÉ DE LA DÉCISION

Les questions à se poser ici sont au minimum celles-ci:

Le résultat de cette négociation est-il rationnel? Les options sont-elles corrélées aux intérêts? Avez-vous résolu les problèmes rencontrés par les participants? Existe-t-il des conséquences inattendues pouvant nécessiter des ajustements dans la mise en œuvre?

C. EMOTION

Les émotions sont des indicateurs précieux car ils s'appuient sur les réactions du cerveau reptilien aux *stimuli.* Alors de faire une introspection sur ses ressentis à la fin d'une négociation est très utile. Nous vous proposons de vous interroger sur l'existence potentielle des émotions négatives « destructrices » à la suite de l'étape de distribution de valeur où vous avez peut-être dû faire des concessions qui ont généré chez vous une frustration? Est-ce que l'une des parties a dû accepter de concéder beaucoup de terrain, ce qui a pu provoquer chez cette personne un déséquilibre émotionnel, manifesté par une colère? Avez-vous sauvegardé le respect mutuel et votre réputation après la clôture de cette négociation? Et vous le savez mieux que quiconque; les professionnels de l'administration publique doivent en permanence forger des relations respectueuses, diplomatiques et durables avec leurs interlocuteurs.

D. ÉTHIQUE / ÉQUITÉ

Comment avez-vous géré les potentiels conflits d'intérêt personnel? Quelqu'un autour de la table a-t-il sciemment menti pour protéger ses intérêts personnels? Avez-vous traité les uns avec les autres avec respect et équité? N'avez-vous utilisé à aucun moment des stéréotypes? Etes-vous parvenu à instaurer la confiance autour de la table de négociation pour créer des conditions non seulement pour atteindre un accord dans les discussions qui viennent juste se terminer mais aussi pour d'autres accords dans le futur?

E. JUSTICE / CONFORMITÉ LÉGALE

L'accord obtenu et signé est-il « juste », c'est-à-dire solidaire, équilibré et équitable pour toutes les parties? Est-ce que tout le monde a agi de manière légitime ? N'avez-vous pas promis quelque chose qui ne pourrait être légalement livré? Existe-t-il un risque de poursuite légale après accord? Les avocats des deux parties sont-ils satisfaits?

F. PRODUCTIVITÉ/EFFICACITÉ

Est-ce que vous avez utilisé le temps alloué à une négociation pleinement? Qu'auriez-vous pu faire pour améliorer votre productivité? Pfizer a réussi à améliorer sa productivité de 25% en améliorant simplement la collaboration entre les services en interne et en adoptant de bonnes pratiques en matière d'ergonomie. D'autres ont eu recours à la technologie pour améliorer leurs processus, comme la ville de Palo Alto ou la Nouvelle-Orléans, dans les décisions ou les mises en œuvre concernant l'utilisation des sols. L'utilisation de données et d'analyses est un domaine qui offre des possibilités d'améliorations continues dans le secteur public.

G. RESPONSABILITÉ SOCIÉTALE / SOUTENABILITÉ ENVIRONNEMENTALE

Quel sera l'impact de l'accord fraichement conclu sur la communauté ou l'organisation des affaires publiques dans cinq ou dix ans? Quel en sera l'impact sur les politiques publiques ou l'administration? L'accord est-il soutenable? Les frontières planétaires et les intérêts des générations futures y sont-ils respectés? D'ailleurs, avez-vous intégré les jeunes dans le processus d'élaborations des nouvelles politiques de gestion communautaires/publiques? La génération Y et encore plus la génération Z sont de bons facilitateurs et consom'acteurs responsables et sont intransigeants sur le respect des « 17 objectifs des Nations Unis pour transformer notre monde ». Ces objectifs appellent à l'action des acteurs publics et privés de toutes tailles et de toute origine, afin de promouvoir la prospérité tout en protégeant la planète. Ils reconnaissent que mettre fin à la pauvreté doit aller de pair avec des stratégies qui développent la croissance économique et répondent à une série de besoins sociaux, notamment l'éducation, la santé, la protection sociale et les possibilités d'emploi, tout en luttant contre le changement climatique et la protection de l'environnement.

H. CONTRÔLE ET EXÉCUTION

A l'issue de la plupart des négociations, les parties signent un contrat, rédigé par les juristes. Ceci n'est qu'un début d'un long processus de la mise en pratique des termes de l'accord conclu. Ainsi, il est utile de se demander quelles seraient les conséquences d'un retard de son exécution. Est-ce que dans le contrat, les pénalités en cas de retard de paiement ou de livraison tardive d'un produit ou d'un service, sont-elles clairement stipulées? Ou au contraire, y a-t-il un bonus pour une livraison anticipée? Existe-t-il dans le contrat une clause de confidentialité pour protéger la propriété intellectuelle partagée/transférée? Et y existe-t-il une sanction appropriée en cas de divulgation non autorisée? Etes-vous sûr que le projet est entièrement financé et disposez-vous de garanties sur la solidité financière de vos partenaires? Est-ce qu'une partie tierce a la capacité de « nuisance » pour empêcher la réalisation de l'accord?

En cas de changement du taux de change, existe-t-il dans le contrat une clause pour atténuer le risque de conflit? Les attentes de toutes les parties, sont-elles incluses dans le contrat? Au cas où l'une des parties mourrait ou ferait faillite, comment va être traitée la succession et les responsabilités liées à cette éventualité? Existe-t-il des lettres de crédit ou des cautionnements d'exécution? Le contrat contient-il un mécanisme de désignation d'un médiateur en cas de conflit? Si le médiateur ne parvient pas à résoudre le différend, existe-t-il une clause d'arbitrage? Quel pays ou État sera compétent pour connaître de l'affaire en cas de litige? Existe-t-il une assurance couvrant la mise en œuvre ou l'absence de celle-ci? Existe-t-il un mécanisme de supervision pour assurer la globalité de l'exécution, y compris en cas de retard de livraison?

J. NORMES TECHNIQUES

Nous avons à l'esprit ici des normes techniques telles que les principes comptables généralement reconnues ou les normes minimales en matière de sécurité. Et donc là, il faut vérifier que vous avez pris en compte d'éventuelles modifications de la législation ou de la réglementation concernant ces normes techniques? Les futurs achats de produits/services sont-ils « arrimés » aux normes techniques définies dans le contrat? La plupart des entreprises gagnent de l'argent et en réputation en atténuant les risques liés à leurs activités. L'art de la négociation consiste à respecter les normes techniques, à atténuer les risques et à faire appel à des experts pour limiter les risques à leur strict minimum. Le 24 août 2017, un habitant de Hobart en Tasmanie a signalé aux autorités locales un déversement d'eaux usées sur sa propriété. Hobart se trouve à une encablure de la réserve naturelle de Pitt Water, qui abrite une biodiversité rare ainsi qu'une filière ostréicole sur environ 14 hectares (les huîtres connues sous appellation Pitt Water, appréciées pour leur saveur et leur consistance saumâtres très caractéristiques, se mettent en pleine forme justement en août). Ce fut une catastrophe écologique et économique pour la Tasmanie, qui récolte 48 millions d'huîtres par an pour un chiffre d'affaires de 24 millions de dollars australiens. *TasWater* a dû, sous pression du gouvernement de Tasmanie, des professionnels et de l'opinion publique, trouver un moyen de prévenir de tels risques. En collaboration avec *Nukon*, un intégrateur de systèmes *OSIsoft, TasWater* a commencé à utiliser un système de *tracking* des fuites dans le cadre d'un programme pilote pour utiliser les données des stations de pompage des eaux usées (SPS) pour repérer et bloquer les blocages et les déversements avant qu'ils ne se transforment en catastrophes écologiques.

CHAPITRE 8

NÉO-GOCIATION 4-10-10 EN PRATIQUE

« La plupart des gens n'écoutent pas avec l'intention de comprendre mais ils écoutent avec l'intention de répondre. »

Stephen R. Covey

La néo-gociation 4-10-10 est un état d'esprit permettant d'évaluer les défis et les opportunités offerts aux parties tout au long des négociations. Cet état d'esprit très positif et constructif repose sur l'apprentissage collectif qui permet de conclure un meilleur accord. Chaque organisation peut atteindre l'excellence dans cet apprentissage grâce à la collaboration, que nous décrivons dans ce livre comme étant l'approche gagnant / gagnant, par opposition à celle de gagnant / perdant, contre-productive car elle mène à un résultat tronqué. La concurrence est bien sûr bonne pour négocier un meilleur prix mais on ne doit pas en abuser sous forme de bluff ou pour formuler les menaces « positionalistes » avec des phrases du type « ...à prendre ou à laisser... vous n'êtes pas seul sur le marché comme vous le savez! » L'abus de l'existence mutuellement connue de la situation de concurrence diminue l'intensité de la création de valeur dans le processus de néo-gociation 4-10-10.

Ci-dessous, nous vous proposons un guide synthétique des étapes de néo-go-ciation 4-10-10. Il est bien sûr non-exhaustif car chaque négociation est unique mais il vous permettra de ne pas omettre ses aspects/éléments « incontour-nables » pour réussir à conclure des accords de qualité:

ÉTAPE 1- PRÉPARATION

Nous vous recommandons de commencer par évaluer le contexte dans lequel vous menez votre négociation. Ainsi, par exemple, si l'accord porte sur un nouveau projet de gestion des eaux pluviales, les premières questions sont les suivantes: pourquoi négociez-vous? Ce nouveau projet sur les eaux pluviales profitera-t-il à l'ensemble de la communauté ou même à la région? Qui négocie? De qui avez-vous besoin autour de la table qui n'est pas encore identifié comme partie prenante? Est-ce que vous connaissez leurs intérêts (et éventuellement leurs positions initiales)? Si le projet concerne la région, pouvons-nous faire participer les villes/métropoles environnantes à la discussion? Comment s'intègrent-ils dans le « pourquoi » actuel? À quoi ressemble l'environnement économique, social et naturel? Quel est l'état de l'infrastructure de drainage d'égout existante? Où négociez-vous? Où allez-vous situer la négociation: dans votre ville ou une autre? Quels sont les avantages / inconvénients de chacun des choix de localité? Une analyse coûts-avantages est-elle disponible?

Dans cet exemple hypothétique de projet de gestion des eaux pluviales est la création d'une liste exhaustive des intérêts de chacune des parties inclue dans la négociation. Quels sont vos intérêts, ceux de la ville limitrophe, de la région, de vos électeurs, des associations de riverains ou des groupements d'intérêts économiques établis sur le territoire concerné? Quels intérêts partagent-ils et sur lesquels sont-ils opposés? Que pouvez-vous faire vous-même ou qui pouvez-vous engager pour désamorcer les conflits latents? Qu'en est-il de votre MESORE? Qu'en est-il des leurs? Comment avez-vous l'intention d'utiliser votre MESORE? Qu'en est-il des options pour résoudre certains des problèmes identifiés dans les intérêts antagonistes? Qu'est-ce qui pourrait satisfaire la ville voisine, toutes les autres villes ou la région dans son ensemble? La collaboration peut-elle ajouter de la valeur? Quels sont les avantages pour chaque participant dans cette négociation? Y a-t-il une mission commune? La collaboration étant un processus volontaire, quelles sont les motivations de chaque partie prenante? Dans notre hypothèse, est-ce la mission commune de respecter les mandats relatifs à la qualité de l'eau? Ou s'agit-il d'un meilleur prix pour tous? Comment minimiser les effets négatifs du pouvoir de l'argent, de l'ego, de la manipulation et des fausses déclarations? Serait-ce utile de faire appel à un facilitateur doté d'un capital social? Comment forger la confiance, l'intégrité, l'élégance et l'éthique en gardant à l'esprit le « pourquoi » du projet de gestion des eaux pluviales? Ici la distinction cruciale de tout autre secteur, le négociateur du secteur public considère les avantages de tous ses électeurs et pas seulement des intérêts particuliers de certaines parties prenantes. En concevant des solutions aux problèmes de sa communauté, Frank dit régulièrement: « Je suis élu pour représenter tous les habitants de ma communauté, pas seulement ceux qui discutent du problème dans notre salle du conseil. »

Ensuite, demandez-vous quels éléments de langage vous allez utiliser pour présenter le projet aux parties prenantes. Comment allez-vous transmettre l'importance de ce projet de la gestion des eaux pluviale, environnementalement responsable et économiquement juste? Quelles questions vous permettront-elles d'apprendre sur les positions et intérêts de vos interlocuteurs, comme des représentants des villes voisines ou des représentants de la région? Pourquoi devraient-ils vous écouter et vous « entendre »? Et comment pouvez-vous mieux écouter? Quels supports allez-vous élaborer pour communiquer efficacement? Est-ce qu'il serait opportun d'avoir recours à des intermédiaires pour communiquer? Comment pourriez-vous faire participer les autres parties prenantes en tant qu'agents de changement dans la communauté? Ici le récit est très important. Plus vous alignez les intérêts et les valeurs, plus votre stratégie de communication sera efficace.

L'importance des relations est primordiale. Comment sont vos relations avec les représentants et les habitants de votre ville voisine? Qu'en est-il des autres villes ou régions? Quelles relations sont importantes pour nous et pour le groupe qui négocie? Comme nous en avons déjà discuté, un examen préalable et approfondi des parties prenantes est essentiel.

Le respect de la loi et de l'état de droit est inconditionnel. Il faut donc savoir précisément quelle loi est applicable, s'il existe un risque de conflits légaux dû à l'évolution de la législation, si vous disposez du pouvoir légal nécessaire pour pouvoir conclure un accord officiel et si le sujet est-il légal institutionnellement. Parfois, il s'avère au cours des discussions préalables qu'il y a besoin d'une nouvelle loi pour faciliter un projet innovant. Par exemple, lors de la négociation en vue de la construction du palais de justice du gouverneur George Deukmejian à Long Beach, en Californie, il était nécessaire de créer une nouvelle loi régissant la méthodologie de partenariat public-privé pour la conception, la construction, le financement, l'exploitation et la maintenance des installations. Sans la nouvelle loi, l'État n'aurait pas été autorisé à utiliser cette méthode, dont l'application se limitait uniquement aux marchés publics.

Vient ensuite l'application des normes. Quels critères ou normes externes pouvez-vous utiliser? Quelles normes peuvent-ils utiliser? Quelle norme devrait régir le sujet de fond de l'accord? Ces normes sont-elles crédibles lorsqu'elles sont appliquées de manière objective? Sont-elles connues et universellement acceptées? Sont-elles de nature technique complexe, nécessitant le recours à un expert? En cas de litige, quelle norme un juge appliquera-t-il?

Lors de la préparation de l'étape de la distribution de la valeur, il est primordial d'envisager des concessions potentielles pour parvenir à un degré de réussite supérieur dans la conclusion d'un accord. Quels intérêts et options êtes-vous prêts à concéder pour conclure un accord? Que pourraient-ils concéder? Avons-nous assez d'options pour que toute concession soit équilibrée? Comme nous l'avions déjà suggéré, l'équilibre dans la répartition des valeurs est essentiel au succès de tout cadre gagnant / gagnant.

Le temps est également un élément très important, compte tenu de la complexité que nous avons évoquée précédemment. Par conséquent, le moment est-il exact pour discuter de ce sujet? Avez-vous passé suffisamment de temps pour vous préparer? Avez-vous suffisamment de temps pour discuter des aspects techniques de ce projet relatif à la gestion des eaux pluviales avec les experts et les parties prenantes appropriées pour parvenir à un accord fructueux? Et avez-vous prévu suffisamment de temps pour le mettre en œuvre?

ÉTAPE 2 - CRÉATION DE VALEUR

Beaucoup méprisent l'exercice de négociation parce qu'elle est réputée trop compétitive et généralement distributive, limitée à un seul sujet/problème. Dans une négociation intégrative ou une négociation créatrice de valeur, les parties ne se font pas de concurrence et elles intègrent diverses sources de valeurs pour conclure un meilleur accord mutuel. La détermination d'un « pourquoi » modulable et actionnable, est ici d'une importance fondamentale pour le succès ou l'échec de la négociation. Il faut faire recours à la créativité, la capacité d'innovation et les compétences en articulation des idées. C'est là que l'écoute et le brainstorming (sans « sanctionner » les propositions, permettant le développement d'un panel d'idées riche) sont vraiment importants. La création de valeur est maximisée lorsque vous vous efforcerez à créer les solutions « gagnantes » en négociant plusieurs sujets interconnectés simultanément.

ÉTAPE 3 - DISTRIBUTION DE LA VALEUR

À cette étape, tous les intérêts explorés et toutes les options inventées à l'étape précédente sont prêts à être validés. C'est là que nous exposons et justifions notre marqueur ou notre prix au moyen de concessions justes et réciproques, fondées sur les intérêts communs ou « échangeables ». Dans notre exemple de projet sur les eaux pluviales, les concessions sont possibles sur le prix global du projet en le scindant en fournitures et main d'œuvre et les modalités de paiement adaptables pour chaque ville impliquée dans le projet. Cette étape est intuitivement en directe opposition à la précédente où vous avez cherché à augmenter la valeur global de l'accord. Cependant, avec suffisamment d'options existantes à ce stade de la négociation et avec la confiance instaurée entre les parties, vous devriez réussir de surmonter toute tentation de distribution injuste ou gagnant/perdant. Il est important de faire une analyse coûts/avantages, tout en privilégiant toujours la vue d'ensemble et la valeur de la transaction globale.

ÉTAPE 4 - MISE EN ŒUVRE

Une fois la valeur distribuée équitablement, la 4ème étape concerne le suivi ou la mise en œuvre. Le succès obtenu lors des 3 premières étapes donne à priori des garanties de réussite dans cette dernière étape. Pour éviter les répétitions, nous vous proposons de garder en mémoire et d'exécuter la *check list* des questions que nous avons présentées dans notre discussion sur l'étape de préparation ci-dessus en ce qui concerne la communication, les relations, les concessions, la règle de droit, les normes et le délai s'appliquent également à l'étape de mise en œuvre.

En conclusion, la néo-gociation 4-10-10 vous permettra, comme nous l'espérons, d'adopter une approche systémique globale qui vous permettra de négocier sereinement des meilleurs accords dans le domaine public ou pour créer les partenariats public-privé équitables, solidaires et soutenables. L'administration publique a longtemps été longtemps paralysée par la tendance à rechercher des solutions « en silos » et en pratiquant les négociations sans synergies, dans « les tours d'ivoire » de pouvoir en « mille-feuilles ». Notre paradigme de néo-gociation et notre processus 4-10-4 promeuvent la culture du partage et de la collaboration pour une meilleure administration publique – efficiente et véritablement utile pour et aux yeux de ses administrés. De nombreuses organisations publiques, privées et/ou à but non lucratif et les institutions modernes ont déjà essayé et validé cette nouvelle méthode en négociation. Nous espérons qu'elle vous sera également utile. Certes, nous ne sommes pas les seuls à promouvoir le concept de valeur partagée. Nous étions heureux de lire récemment la *Harvard Business* Review que d'autres spécialistes et praticiens adhèrent à notre vision, «

La solution réside dans le principe de la valeur partagée, qui implique la création de valeur économique et sociétale. La valeur partagée n'est pas la responsabilité sociale, la philanthropie ou même la durabilité, mais un nouveau moyen de réussir sur le plan économique pour instaurer la paix sociale. »

Notre paradigme de la néo-gociation 4-10-4 consiste en alignement des intérêts et dans le partage de la valeur. Pas parce que ceci pourrait laisser présager votre faiblesse quelconque mais parce que nos recherches et notre pratique montrent que cela vous aidera à obtenir un meilleur accord. Cette 4ème étape met fortement l'accent sur la mise en œuvre et le suivi de l'accord négocié. L'administration publique au niveau mondial n'accorde pas la même importance à la planification et à la mise en œuvre. Le défi du secteur public dans son ensemble consiste à aligner la prise de décision à court terme sur la vision à long terme prescrite avec l'exécution ou la mise en œuvre appropriée pour réaliser cette vision. Notre processus de néo-gociation 4-10-4 apporte un nouvel état d'esprit à l'administration publique en apprenant à se préparer, à créer, à pratiquer, à partager, à innover et à mettre en œuvre. Ce processus plus délibéré et planifié s'harmonise avec les connaissances et les pratiques éthiques de planification stratégique et de leadership.

CHAPITRE 9
Rôle du leadership en néo-gociation

« Je suppose que le leadership à un moment donné voulait dire des muscles; mais aujourd'hui, cela signifie s'entendre avec les gens. »

Mahatma Gandhi

« Un véritable leader n'est pas un chercheur de consensus, mais un mouleur de consensus. »

Martin Luther King jr.

« La direction fait les choses bien. Le leadership fait les bonnes choses. »

Peter Drucker

« Le leadership consiste en capacité de résoudre des problèmes, de prime à bord inextricables. Le jour où vos soldats cessent de partager avec vous leurs problèmes, c'est le jour où vous avez cessé de les diriger. Ils ont perdu confiance en votre capacité de les aider ou pire, ils ont conclu que cela ne les intéressait même pas. Dans les deux cas, c'est un échec de votre leadership. »

Colin Powell

Nous pensons que les leaders publics sont largement prédisposés à savoir comprendre et à adopter la méthode proposée dans ce livre, grâce à leur empathie et l'éthique de service à leurs concitoyens. Souvent, ce sont d'ailleurs des innovateurs originaux qui font confiance à leurs communautés pour être compris et suivis dans leurs choix. Ils sont généralement élus ou nommés en fonction de leur réputation de gestionnaire irréprochable mais aussi pour leur capacité de proposer des projets audacieux et mener leur réalisation en vrais leaders. Steve Jobs a déclaré: « La gestion consiste à persuader les gens de faire des choses qu'ils ne veulent pas faire, tandis que le leadership consiste à inciter les gens à faire des choses qu'ils n'auraient jamais pensé pouvoir faire. » Le général Collin Powell a écrit à propos de la différence entre le leadership et la gestion : « Le leadership est l'art d'accomplir ce que la science de la gestion ne permet pas. » Tous les gestionnaires ne sont pas des leaders. Alors que les gestionnaires sont motivés, acceptent d'exécuter les projets en « délégués » et en se souciant de leurs aspects matériels, les leaders sont inspirants, persuasifs, créatifs et soucieux des autres. Les gestionnaires administrent, acceptent et maintiennent le statu quo tout en se concentrant sur le « comment » et le « quand ». Les leaders, à contrario, innovent, développent et remettent en cause les processus établis, en se concentrant sur le « pourquoi » et le « quoi ». Les gestionnaires font les choses correctement. Les leaders inspirent à faire les choses dans l'excellence. La méthode de la néo-gociation a été élaboré sur la vaste base des connaissances théoriques et sur les meilleures pratiques du monde « réel » en matière de leadership facilitant, partagé et reconnaissant. Notre regretté collègue, le professeur Bennis, a prédit à juste titre que le leadership « deviendrait un processus de plus en plus complexe d'intermédiation multilatérale ». D'autres collègues, Robert et Janet Denhardt, constatent dans leurs travaux que le leadership partagé « génère des solutions plus efficaces dans un monde en évolution rapide ».

Dans le paradigme de la gouvernance collaborative, les problèmes complexes d'aujourd'hui nécessitent la collaboration des leaders publics et des dirigeants des entités privées et du secteur tiers de toutes tailles, formes, couleurs, religions et genres. Warren Bennis a affirmé que, « Le mythe le plus dangereux du leadership est que les leaders sont nés et qu'il existe un facteur génétique dans le leadership. Autrement dit que certaines personnes ont des qualités charismatiques et d'autres non. C'est un non-sens : en fait, le contraire est vrai. Les leaders sont faits plutôt que nés. » Alors, comme nous formons des personnes à la gestion, nous développons également des leaders en leur donnant les outils nécessaires.

Diane Whitney et ses co-auteurs[24] ont écrit dans leur livre que « Les cinq pratiques de leadership reconnaissant sont parfaitement compatibles avec une planification participative réussie. Elles peuvent être résumées comme suit: inclusion, recherche, illumination, inspiration et intégrité. » Ils encouragent « la création d'un dialogue inclusif entre les parties prenantes, la recherche

---

24 Whitney, D. K., Trosten-Bloom, A., & Rader, K. (2010). *Appreciative leadership: Focus on what works to drive winning performance and build a thriving organization.* New York, NY: McGraw-Hill.

collaborative et la planification participative », notions que nous avons adopté dans la méthode de néo-gociation 4-10-4. Surtout les étapes de préparation et de création de valeur reposent sur la capacité de néo-gociateurs à identifier et reconnaître les intérêts des parties prenantes, puis à à promouvoir le dialogue, l'intégration et la collaboration.

James MacGregor Burns[25], lauréat du prix Pulitzer, a conceptualisé le leadership en termes de valeurs et de transformation. L'intérêt croissant suscité par la littérature sur le leadership est passé de la notion de « pouvoir » à l'importance d'un but. C'est l'équivalent du « pourquoi » en néogociation 4-10-4. Burns affirme que l'élément central de la relation entre les leaders et les suiveurs est, en fait, le but. Les leaders réussissent lorsque leur objectif est aligné sur celui de leurs suiveurs. Les bons leaders (et nous comptons parmi eux de nombreux néo-gociateurs) décrivent le « pourquoi » de manière si éloquente et inspirante que les gens qui sont de nature « suiveurs » y adhèrent. Les néo-gociateurs sont des leaders performants et éclairés car ils n'hésitent pas à se faire aider par des experts et par le personnel en établissant des principes et des paramètres concernant la manière dont les mandants, les pairs, les collègues et les clients doivent être traités. Ils créent des normes d'excellence et donnent l'exemple aux autres en les appliquant à soi-même. Ils innovent et défient le *statu quo*.

Un bon leader fournit une vision directrice avec espoir, passion, intégrité, curiosité et n'a pas peur de prendre des risques de perdre. Robert Kennedy a déclaré que « seuls ceux qui osent échouer peuvent accomplir de grandes choses. » Enfin, Mario Andretti, le célèbre pilote de Formule 1 a bien résumé la situation: « si les choses semblent sous contrôle, vous n'allez pas assez vite. » Nous vous engageons donc d'écouter, de prendre des risques calculés, de discerner et d'agir avec rigueur, discipline, responsabilité et transparence. Collaborez avec vos interlocuteurs dans un respect mutuel. Nous vous encourageons à partager les fruits de vos efforts de collaboration et à « célébrer » les réalisations réussies. Les enseignements du leadership sont concordants avec les 10 éléments de néo-gociation. Les leaders maîtrisent le contexte, décèlent les intérêts, y compris sous-jacents, et sont capables de créer de la valeur grâce à des multiples options. Ils « n'exhibent pas » leur pouvoir pour pouvoir communiquer et établir des relations durables fondées sur la confiance. Ce n'est pas non plus une coïncidence de constater que ces caractéristiques des leaders émaillent notre processus en 4 étapes et définissent parfaitement la nouvelle négociation. La

---

25 Burns, J. M. (2012). *Leadership.* Open Road Media.

gouvernance au XXIème siècle devient également de plus en plus collaborative ; par nécessité et par le système des valeurs des dirigeants issus de la génération Y et Z. Ils considèrent qu'il a toujours plusieurs solutions de plausibles et savent que le renforcement des capacités collectives encourage non seulement l'apprentissage commun, mais améliore également la prise de décision collective. Ils sont convaincus que chaque participant au dialogue tient une pièce du « puzzle ». Encore une fois, ce nouvel état d'esprit se reflète dans les étapes de création de valeur et de distribution de valeur de néo-gociation.

Le leadership est la capacité d'inciter à traduire la vision en réalité. Martin Luther Ling, Jr., dans son discours du 28 août 1963 « J'ai un rêve », illustre très bien ce point. Le rêve de King a été partagé par le peuple américain, qui a appuyé et adopté le *Civil Rights Act* de 1964. Les néo-gociateurs, en tant que facilitateurs et conservateurs, créent des opportunités pour que les gens « se rencontrent. » Ils encouragent des méthodes de développement et d'apprentissage communes, globales, systémiques, connectives et écologiques. Ils sont ouverts au changement, mais ils associent le changement à leurs valeurs fondamentales.

Nous enseignons tous les trois dans des programmes « destinés aux cadres dirigeants mais aussi aux officiers de l'armée. Frank enseigne régulièrement au ministère de la Défense et aux universités militaires de la République d'Arménie et Irena a enseigné pendant plus de six ans la gestion de crise et négociation aux cadets de la prestigieuse Ecole Militaire de St. Cyr–Coëtquidan. Dans nos cours, l'accent est mis sur le changement par le biais de valeurs, d'autant plus que ces organisations sont fières d'être des organisations axées sur les valeurs. Des intérêts et des valeurs partagées sont la marque des organisations. D'ailleurs, l'armée des États-Unis distingue les attributs du leadership des compétences qui le caractérise. L'Armée définit comme ses valeurs de base l'empathie, le sens du service, la discipline et la « philosophie du guerrier ». La néo-gociation est également axée sur des valeurs profondément éthiques, à savoir l'empathie solidaire, le sens du service et la collaboration.

CHAPITRE 10

CONCLUSION

« Vous pouvez apprendre beaucoup par simple observation. »

Yogi Berra

Notre technique de néo-gociation 4-10-10 permet de tester les options, d'analyser le contexte, de faire des concessions, d'améliorer les relations, de gérer le pouvoir, de réduire les malentendus, de respecter les règles, de définir les normes et de gérer le temps. C'est une approche dialectique qui aide les organisations à adopter le même « langage » de manière stratégique et tactique à la fois. Les leaders ont tendance à être stratégiques et les gestionnaires tactiques. La stratégie est axée sur la mission, concerne la vue de l'ensemble et souvent, elle sort des sentiers battus. C'est ce que nous avons décrit dans nos étapes de préparation et de création de valeur de la nouvelle négociation. La stratégie aligne la pensée des différentes parties prenantes impliquées. Elle fournit un cadre d'action, libérant de l'énergie vers une vision partagée basée sur des valeurs fondamentales. La stratégie clarifie le « pourquoi » avec une communication non ambiguë et engageante. Elle définit également les objectifs et la responsabilité des parties prenantes et des négociateurs. Les tactiques, quant à elles, sont les détails les plus spécifiques du contrat, tels que la conformité, les normes, le temps et la mise en œuvre en général. Les tactiques sont axées sur les tâches, étroites et plus granulaires pour améliorer les opérations et les méthodes. Notre paradigme de la nouvelle négociation a besoin des deux. Le chef militaire et philosophe chinois Sun Tzu[26] résume bien ce principe de façon suivante: « une stratégie sans tactique est la voie la plus lente vers la victoire. La tactique sans stratégie est le bruit avant la défaite. »

Lorsque les organisations, qu'elles soient publiques et privées, ne pratiquent pas la négociation, les relations peuvent se retrouver bloqués et devenir

---

26 Tzu, S. (2000). L'art de la guerre, traduit du chinois et commenté par Jean Lévi. *Paris, Hachette.*

vulnérables. Hillary Clinton[27] a révélé dans son livre que, traditionnellement, le département d'État communiquait à peine avec le département de la Défense des États-Unis. Cette tradition de mauvaise communication, de manque de collaboration et de planification stratégique a mis au jour certaines des erreurs de politique étrangère les plus graves des temps modernes. La rigidité de chaque département dans des environnements de type silo crée une inhibition et des inefficacités évidentes dans l'administration publique. Une discussion basée sur les intérêts partagés sera toujours plus productive qu'une discussion basée sur les positions opposées. Par exemple, le débat sur les mesures à adopter aux effets de changement climatique est mené sous forme d'opposition entre ceux qui sont convaincus de l'urgence d'agir et imputent la plus grande partie de responsabilité, sinon la totalité, du réchauffement de la planète à l'humanité et ceux qui considère que ce changement est cyclique et non corrélé avec l'impact environnemental des activités humaines. Les deux groupes cherchent de dominer le débat, l'opinion publique et « campent » sur leurs positions, les uns ne cherchant pas à comprendre le fondement de l'opinion de l'autre. Ce débat a besoin d'un « ambassadeur Talleyrand » pour transformer les monologues stériles en un dialogue fécond. Nous devons nous attaquer au changement climatique au niveau le plus local pour avoir un impact. Plus important encore, nous avons besoin de collaboration plutôt que de concurrence. Dans son discours devant le Congrès américain du 25 avril 2018, le président Macron a déclaré: « Quel sens a notre vie si nous travaillons et vivons en détruisant la planète, en sacrifiant l'avenir de nos enfants? Quel sens a notre vie si notre décision, en toute conscience, est de réduire les chances de nos enfants et de nos petits-enfants? En polluant les océans, en refusant de réduire les émissions de CO_2, en détruisant la biodiversité, nous tuons notre planète. Soyons clairs: il n'y a pas de planète B. Sur ce point, il se peut qu'il y ait un désaccord entre les Etats-Unis et la France. Cela est possible comme dans toutes les familles. Mais à mes yeux, ce désaccord ne peut durer. À long terme, nous devrons faire face aux mêmes réalités et nous sommes les citoyens d'une même planète. Nous devons donc y faire face. Alors, au-delà des désaccords de courte durée, nous devons travailler ensemble. »

Au lieu d'attiser les incendies politiques, les négociateurs compétents se demandent s'ils ne peuvent pas « inventer » de nouvelles options, accompagnées d'un récit engageant. Les néo-gociateurs se concentrent sur ce qui les unit à leurs partenaires avant de mettre en évidence ce qui les divise. La question

---

27   Clinton, H. R. (2017). *Ça s'est passé comme ça.* Fayard.

importante dans le débat sur le réchauffement planétaire est de savoir si nous pouvons le « recentrer » en invitant toutes les parties prenantes à définir des solutions multidimensionnelles et multisectorielles pour sauver la planète pour les générations futures. Un débat sain sur ces solutions lors de notre étape de distribution des valeurs fera avancer ce débat de manière positive, par opposition à la dénomination improductive que nous constatons actuellement. Le paradigme et la technique de néo-gociation promeuvent une vision de partage d'informations horizontale et systémique afin de créer de la valeur pour pouvoir la distribuer. Yann illustre ce principe avec une expression imagée, « casser et fouetter (Yann, serais-tu d'accord de le rajouter?) les œufs pour faire une omelette ». Cela favorise l'agilité, la gouvernance collaborative, l'intelligence collective et aussi la réalisation de projets par la concertation (Duzert, Susskind, Lempereur 2010).

Nous ne sommes pas les seuls à promouvoir le partage ou la collaboration. Robert D. Putnam[28] explique comment certaines écoles américaines publiques ont réduit de 30% les accidents de vélo sur leurs campus en partageant simplement des informations sur les causes les plus fréquentes des accidents avec les parents d'élèves, les enseignants, les fabricants de vélos, les urbanistes, les policiers et les chirurgiens traumatologues.

La néo-gociation peut être enseignée tout autant que n'importe quelle autre matière en management. Tout le monde peut devenir un bon négociateur, équipé en stratégies, techniques et tactiques décrites dans ce livre. Nous sommes convaincus que l'application méthodique de la technique de néo-gociation 4-10-10 permet d'atteindre le « pourquoi » recherché sereinement et éprouver du plaisir à négocier. Le plaisir du débat, la franchise amicale, créer avec les autres, construire des pont, contribuer à donner en sens à son travail sont les enjeux de la vie sociale et économique du futur. Il faudra aussi que les professionnels de l'administration publique gardent toujours à l'esprit les objectifs de l'agenda 2030 des Nations Unies, comme stratégie de l'action publique.

Permettez-nous de conclure ce livre avec une légende Cherokee selon laquelle un Grand-père dit à ses petits-enfants; « Tout humain vit en lui un tiraillement terrible entre ses valeurs, semblable à un combat entre deux loups. Le premier représente le mal, à savoir la peur, la colère, l'envie, l'avarice, l'arrogance, l'apitoiement sur soi, le ressentiment et la tromperie lors que l'autre personnifie le bien comme la joie, la sérénité, l'humilité, la confiance, la générosité, la vérité,

---

28 Putnam, R. D. (2000). Bowling alone: America's declining social capital. In *Culture and politics* (pp. 223-234). Palgrave Macmillan, New York.

la douceur et la compassion.» Un enfant demande alors inquiet: « Grand-père, quel loup va gagner en moi? » Et le sage aïeul lui répond avec un air malicieux : « Celui que tu nourriras. »

LECTURES RECOMMANDÉES POUR APPROFONDIR
VOS CONNAISSANCES EN NÉGOCIATION ÉTHIQUE ET
COLLABORATIVE, AU-DELÀ DES RÉFÉRENCES DÉJÀ FOURNIES
DANS LE TEXTE:

- Abbas E. 2018. Foundations of Multiattribute Utility. Cambridge University Press. Forthcoming.
- Damasio. The Feeling of What Happens: Body and Emotion in the Making of Consciousness, Harcourt, 1999
- Lempereur, A. Colson, Y. Duzert org. Metodo de Negociação. Editora Atlas. 2008
- Levitt and Waren Buffett. Take on the Street, What Wall Street and Corporate America Don't Want You to Know. Pantheon. 2002.
- Sen. Ethics and Economy. Oxford Publishing. 1988.
- Cavalcanti, Y. Duzert, E. Marques. Guerreiro Ramos. Editora FGV. 2014.
- Clinton. Giving. Knopf Publishing.
- Nalebuff and A. Brandenburger. Competition. Currency Doubleplay. 1997
- Goleman. Focus, The Hidden Driver of Excellence. Harper Collins. 2013.
- Goleman. Gentle Bridges. Shambhala Publications. 2001
- Goleman. The Brain and Emotional Intelligence. Batham books. 2014
- David Lax & James Sebenius. 3-D Negotiation: Powerful Tools to Change the Game in Your Most Important Deals. Harvard University Press. 2011
- Whitney. Appreciative Leadership. McGraw Hill. 2010
- Schmitt. Nova Era Digital. Knopf Publishing. 2013
- Saltman. Votre Meilleur Remède c'est Vous. Albin Michel. 2013
- Varela. Embodied Mind. MIT Press
- Zerunyan and P. Pirnejad. From Contract Cities to Mass Collaborative Governance. American City & County. April 2014
- Zerunyan and Tatevik Sargsyan. Analysis of Legislative and Institutional Frameworks of Ethical Regulation in the Public

Service System. Public Administration Scientific Journal Republic of
Armenia. June and December 2016

- Cavalcanti. Decolando Para o Futuro. 2012
- Klein. Sources of Power. How People Make Decisions. MIT Press.
  1999
- Guhan Subramanian. The New Strategy of Negotiations.
- Movius and L. Susskind. Built to Win. Harvard University Press.
  2009
- Raiffa. Negotiation Analysis: The Science and Art of Collaborative
  Decision. 2004
- H. Raiffa. The Art and Science of Negotiation. Harvard University
  Press. 1993
- H. Simon. Models of Bound Rationality. MIT Press.
- H. Simon. Models of Bounded Rationality. MIT Press. 1997
- Ingrid Paola Stoeckicht, Dorval Olivio Mallman, João C. Men, Yann
  Duzert. Negociação internacional. Editora FGV. 2014
- Attali. Urgence Francaise. Editions Fayard. 2014.
- Casablancas. Vida Modelo. Agir. 2008
- Gray. Man are From Mars and Women from Venus. HarperCollins.
  2004.
- MacGregor Burns. Leadership. Harper Perennial Political Classics.
  2010
- J. Sebenius and Lax. The Manager as Negotiator. Free Press. 2011.
- J. Sebenius, A. Lempereur. Y. Duzert. Manual de Negociações
  Complexas. Editora FGV. 2004.
- J. von Neumann, and O. Morgenstern. 1947. Theory of games and
  economic behavior, 2nd ed. Princeton, NJ: Princeton University
  Press
- J. Welsh. Straight from the Gut. Business Plus. 2003
- J. Welsh. Winning. Harper Collins. 2013
- J.P. Dupuy On the Origins of Cognitive Science: The Mechanization
  of the Mind. MIT Press. 2009.
- Arrow, R. Mnookin, L. Ross, A. Tversky, Y. Duzert. Obstaculos Para
  Resolução de Conflitos. Editora FGV/Saraiva. 2007.
- Susskind, Y Duzert, A. Lempereur. Faciliter la Concertation. Editions
  Eyrolles. 2010.

- Susskind, Y. Duzert. J. Cruickshank. Quando a Maioria Não Basta. Editora FGV. 2008.
- Susskind. Good for You, Great for Me. Public Affairs. 2014.
- Bazerman. Predictable Surprise. Perseus Publishing. 2008.
- Bazerman. With Technical Revision Yann Duzert. Processo Decisório. Editora Campus. 2014
- M. Hardt and A. Negri. Empire. Harvard University Press. 2000.
- M. Mobius Passport to profit. Grand Central Publishing. 2000.
- M. Naim. The End of Power. Basic books. 2013
- M. Seligman. Authentic Happiness. Atria Books. 2004
- M. Wheeler. The Art of Negotiation: How to Improvise Agreement in a Chaotic World. Simon & Shuster. 2014.
- M. Wheeler. What is Fair. Ethics for Negotiators. Jossey Bass. 2004
- Berggruen. Smart Governance for the XXI Century. Polity. 2012
- Nassim Nicholas Taleb. Black Swan, The Impact of Highly Improbable. Random House. 2010.
- R. Bellino. You Have 3 Minutes. McGrawHill. 2006
- R. Cialdini. The Power of Persuasion. Harper Collins. 2013.
- R. Mnookin. Negotiating with the Devil. When to Fight and When to Negotiate. Simon & Schuster. 2011
- R. Howard, A and A. E. Abbas. 2015. Foundations of Decision Analysis, Pearson, NY, NY.
- R. Putnam. Bowling Alone. Simon & Schuster. 2001
- R. Reich. Supercapitalism. Knopf Doubleplay. 2007
- S. Covey. Seven Habits of Highly Effective People. Free Press. 2004
- S. Covey. Smart Trust. Simon & Schuster. 2013
- S. Covey. Spccd of Trust. Simon & Schuster. 2006
- S. Sinek. Start with Why. Penguin Book. 2009
- T. Cooper. The Responsible Administrator. Jossey-Bass/Wiley, 2012
- T. Shilling. Strategy of Conflict. Harvard University Press. 1960
- W. Chan Kim and Renée Mauborgne Ocean
- W. Ury. Getting to Past No. Random House Publishing Group. 2009
- W. W. Norton & Company. 2011
- Y. Duzert, A.T. Spinola. A. Brandão. Negociações empresarias. Editora Saravia. 2007
- Y. Duzert, A.T. Spinola. F. Lustosa. Aprendiz Legal. Editora FRM. 2011.

Yann Duzert, PhD, Professeur à Rennes School of Business, France; Professeur visitant à University of Southern California; PDG de Newgotiation, Inc.; Consultant et Coach.

Frank Vram Zerunyan, J.D. LL.D. (hc) Professeur de pratique de la gouvernance et Directeur de l'éducation des cadres à University of Southern California Sol Price School of Public Policy; Maire pendant trois mandats et membre du Conseil municipal de la ville de Rolling Hills Estates, Californie, Etats-Unis.

Irena Descubes, PhD, Professeure à Rennes School of Business, France; Professeure visitant à Université de l'Economie de Prague, Program Manager de l'Executive MBA à Rennes SB (classé parmi les Top 100 EMBA au niveau mondial et parmi les Top 50 EMBA européens par QS); membre du Comité consulta-tif des projets au sein d'Abondances, fondation actionnaire pour la biodiversité.

www.ingramcontent.com/pod-product-compliance
Lightning Source LLC
Chambersburg PA
CBHW061334220326
41599CB00026B/5185